Conrad Dorn, Andreas Lindenthaler

DER FRIEDHOF ZU ST. PETER IN SALZBURG

Aquarell von Josef Felsinger

St.-Peter-Friedhof

Ringsum ist Felseneinsamkeit.
Des Todes bleiche Blumen schauern
Auf Gräbern, die im Dunkel trauern;
Doch diese Trauer hat kein Leid.

Der Himmel lächelt still herab
In diesen traumverschlossenen Garten,
Wo stille Pilger seiner warten.
Es wacht das Kreuz auf jedem Grab.

Die Kirche ragt wie ein Gebet
Vor einem Bilde ewiger Gnaden,
Manch Licht brennt unter den Arkaden,
Das stumm für arme Seelen fleht –

Indes die Bäume blühn zur Nacht,
Daß sich des Todes Antlitz hülle
In ihrer Schönheit schimmernde Fülle,
Die Tote tiefer träumen macht.

Georg Trakl

CONRAD DORN
ANDREAS LINDENTHALER

DER FRIEDHOF ZU ST. PETER IN SALZBURG

VERLAG ST. PETER, SALZBURG

ISBN 3-900173-37-0

Herstellung: Druckhaus Nonntal, Salzburg

DER ERZABT VON ST. PETER

Vorwort

Das vorliegende Werk über den Friedhof von St. Peter fügt sich sehr gut in das Jubiläumsjahr ein und bildet eine wertvolle Ergänzung zu den übrigen Veröffentlichungen dieses Jahres (Festschrift und Katalog zur Landesausstellung).

Wenn man vom St.-Peter-Bezirk spricht, ist der Friedhof mit der gotischen Margarethenkapelle, umgrenzt von der Stiftskirche und der Mönchsbergwand mit den altehrwürdigen Katakomben, nicht wegzudenken. Es mag paradox klingen, wenn man von einer Wiederbelebung des Friedhofs spricht, aber tatsächlich ist dies geschehen, als glücklicherweise im Jahre 1930 das Bestattungsrecht wieder gewährt wurde. Viele Familien sind dankbar, daß ihre Angehörigen die Möglichkeit haben, an dieser ehrwürdigen Stätte zur letzten Ruhe bestattet zu werden. Dadurch ist die Instandhaltung des Friedhofes gesichert und jene sorgsame Pflege, die der Würde des Ortes mit seiner reichen Geschichte entspricht.

Der Besuch der Grabstätten ist für uns gläubige Christen eine Mahnung, dankbar der Verstorbenen im Gebete zu gedenken und so über den Tod hinaus die Liebe zu üben, da wir an die Gemeinschaft mit den lieben Heimgegangenen und das ewige Leben glauben.

Für die Erstellung dieses Buches werden besonders die Inhaber von Grabstätten im St.-Peter-Friedhof dankbar sein. Aber auch für die übrigen Bewohner der Stadt Salzburg und ihre zahlreichen Gäste ist das Werk von großem Interesse, wenn sie sich näher über diesen so stimmungsvollen Friedhof informieren wollen. Darum ist es mir ein Bedürfnis, den Initiatoren des Werkes, Herrn akad. Bildhauer Conrad Dorn und Herrn Rentmeister Andreas Lindenthaler, aufrichtig zu danken mit dem Wunsch, es möge die Arbeit großem Interessen begegnen und weite Verbreitung finden.

+ Franz Bachler
Erzabt

„St. Petersfriedhof im Winter“ (1845/50, Öl auf Leinwand)
von Heinrich Bürkl (1802–1869)
Salzburger Landessammlungen, Residenzgalerie

Der St.-Peter-Friedhof

Eine Dokumentation

Einleitung

Den Autoren ging es in erster Linie darum, eine Dokumentation vorzulegen, die den Zeitraum von der Sperre des Friedhofes im Jahre 1878, der Wiedereröffnung 1930 bis zum Jahre 1980 umfaßt. Außerdem sollte aufgezeigt werden, welches wertvolle Kulturgut aus früherer Zeit noch vorhanden ist. Dieses wird hiemit zum Teil in Abbildungen vorgestellt. Soweit die Namen auf den alten Grabsteinen oder Grabplatten noch leserlich sind, werden diese bei der entsprechenden Grabstelle vermerkt. Inzwischen unleserlich gewordene Inschriften, was besonders bei Eisenkreuzen der Fall ist, scheinen, soweit es noch feststellbar war, im Namensverzeichnis auf.

Trotz mancher Lücken, die durch das gesichtete Archivmaterial nicht zu schließen waren, schien uns die Besitznachfolge bei den Grüften wichtig genug, diese hier aufzunehmen. Nicht nur um das Kommen und Gehen von Geschlechtern aufzuzeigen, sondern auch weil bisher dieser Frage weniger Beachtung geschenkt wurde.

Über den St.-Peter-Friedhof und über die Katakomben ist reichlich Literatur vorhanden, dies zumeist im Zusammenhang mit der Geschichte des Stiftes St. Peter und seinen Kunstwerken. Eine Auswahl wurde im Literaturverzeichnis aufgenommen.

Ein kurzer geschichtlicher Überblick über den Friedhof ist auch diesem Buch vorangestellt. Ausführlicher wird aber die Zeit nach 1878 behandelt. Von Interesse wird auch eine Auswahl von Gedichten und Sprüchen sein, die den Friedhof betreffen oder auf Grabsteinen zu lesen sind.

Danksagung. Dem hwst. Herrn Erzabt Franz Bachler haben wir für die Förderung dieser Arbeit und vielfältige Unterstützung herzlich zu danken. Besonderen Dank schulden wir auch dem hw. Stiftskämmerer P. Wolfgang Schmidhuber, der sich besondere Verdienste um die Wiedereröffnung des Friedhofes erworben hat und für die umfangreichen Erhaltungsarbeiten sorgte. Unserer Arbeit hat er überdies mit Rat und Tat beigestanden.

Hw. Univ.-Prof. DDr. P. Friedrich Hermann danken wir besonders für die Überlassung verschiedener Archivalien, Beratung und Durchsicht des Manuskripts.

Salzburg, im November 1981

Prof. CONRAD DORN
akad. Bildhauer

ANDREAS LINDENTHALER
Rentmeister der
Erzabtei St. Peter

Inhaltsverzeichnis

Hinweise zur Handhabung dieses Buches

Zusätzlich zur Inhaltsübersicht werden folgende Hinweise von Nutzen sein:

1. Namensregister
Im chronologischen Verzeichnis der vorhandenen Grabdenkmäler aus den Jahren 1288 bis 1634 (siehe Seite 13 bis 16). sind auch jene Denkmäler angeführt, welche sich nicht im Friedhof, sondern in der Stiftskirche, den Seitenkapellen und im Kreuzgang befinden. Über die genaue Lage der Denkmäler kann die Friedhofsverwaltung Auskunft geben.
Das Verzeichnis der am St.-Peter-Friedhof beerdigten Personen sowie der Grab- und Gruftinhaber wurde mit dem Jahre 1980 abgeschlossen. Im Totenbuch sind vielfach nur die Beerdigungsdaten und nicht die Sterbedaten vermerkt. Es können sich deshalb geringfügige Datumsunterschiede ergeben. Weiters scheinen im Totenbuch wesentlich mehr Namen von auf diesem Friedhofe Beerdigten auf. In diesem Buch wurden aber nur jene aufgenommen, deren Denkmal bei der Sperre des Friedhofes noch vorhanden bzw. noch lesbar waren. Hiezu ist zu beachten, daß für Beisetzungen in den Grüften der Index von Seite 234–249, und jener für die Beisetzungen in den Gräbern von Seite 54–61 getrennt aufscheinen.
Bei der Besitznachfolge der Gruftinhaber scheinen auch Personen auf, die nicht am St.-Peter-Friedhof beerdigt wurden. Zumeist fiel diesen Personen die Gruft im Erbweg zu und wurde erst dann weiterverkauft. Aber auch ein „Zwischenhandel" ist aktenkundig.

2. Friedhofsplan und Grabnummern
Die Grüfte Nr. I, II und III befinden sich außerhalb der Arkaden und sind deshalb nicht mit römischen Ziffern gekennzeichnet. Die Grüfte IV und IVa sind im „unteren" Friedhof, alle übrigen sind fortlaufend numeriert. Der Friedhof selbst ist analog den übrigen Stadtfriedhöfen in Grabfelder eingeteilt. Die hiesigen Grabfelder haben die Bezeichnung: 400, 401, 402, 403, 404, 405 und 406. Alle Grabstellen, auch die namenlosen und jene unter besonderem Denkmalschutz haben eine zusätzliche Nummer. Bei Zuhilfenahme des Übersichtsplanes und der Teilpläne läßt sich jede Grabstelle leicht auffinden. Im übrigen erteilt auch hier die Friedhofsverwaltung gerne die gewünschten Auskünfte.

3. Katakomben
Für ein bescheidenes Entgelt finden täglich Führungen in den Katakomben statt. Die Erklärungen hiezu stimmen mit der uralten Überlieferung überein. Außerdem werden Besonderheiten, welche den Friedhof oder die Kommunegruft betreffen, erläutert. Die Führungszeiten sind beim Aufgang zu den Katakomben ersichtlich.

4. Handschriftliche Ergänzungen
Das vorliegende Buch ist so konzipiert, daß auch noch handschriftliche Eintragungen möglich sind. Freigehalten sind für die Gräber die Seite 62 und für die Grüfte die Seite 250.
Die vorhandenen Leerseiten von 251–255, am Ende dieses Buches, eignen sich z. B. zum Einkleben von Sterbebildchen, Parten oder Grabfotos, und können damit eine Ergänzung zur Familien-Chronik darstellen.

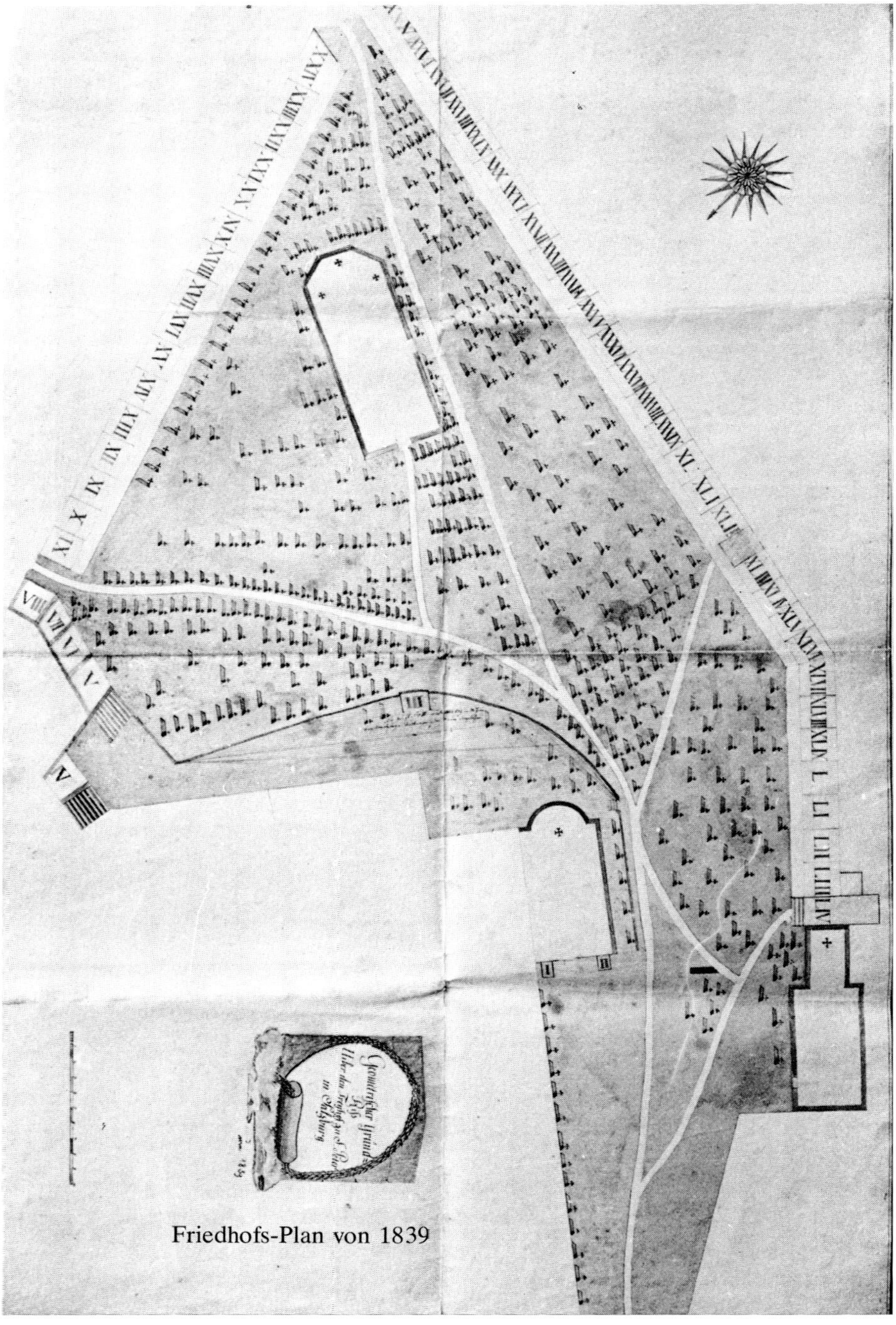

Friedhofs-Plan von 1839

Kurzer geschichtlicher Überblick

Das Alter des St.-Peter-Friedhofs ist sicher mit der Gründung des Klosters um das Jahr 700 gleichzusetzen. Es kann aber angenommen werden, daß in dieser frühen Zeit die Beisetzung nur auf Angehörige des Klosters beschränkt war. Für das frühe christliche Salzburg wird ein allgemeiner Friedhof in der Gegend zwischen dem Hang des Festungsberges und dem Dom vermutet (Dr. Heinz Dopsch: Die Geschichte Salzburgs, 1980).

Als erster urkundlicher Nachweis ist die Verleihung des Begräbnisrechtes durch Erzbischof Konrad I., datiert vom 22. 3. 1139 zu werten. Für dieses Begräbnisrecht hat aber das Stift auf nicht unbedeutende Pfarrechte in der Stadt Salzburg verzichten müssen! Über das Aussehen des Friedhofes zu dieser Zeit kann man nur Vermutungen anstellen. Der Teil zwischen Stiftskirche und Kreuzkapelle ist jedenfalls auszuschließen, da an dieser Stelle das alte Kloster St. Peter stand. Weiters ist urkundlich belegt, daß der Teil zwischen den Katakomben und der St.-Margarethen-Kapelle aus Pietätsgründen nicht als Friedhof benutzt wurde, da man hier die Gräber der Märtyrer vermutete.

Der älteste aufgefundene Grabstein, ausgenommen jene aus der römischen Zeit – deren Herkunft aber unklar ist – befindet sich im alten Kapitelsaal und stammt aus dem Jahr 1288. Dieser Stein trägt die Majuskel-Inschrift:

† VI. K. MARTII . OBIIT . I DITMAR. ABAS. S.Pet.

und ist dem Abt Dietmar (1270–1288) gewidmet.

Der nächst ältere Stein liegt in der Marienkapelle und zeigt folgende Inschrift:

ANNO . DNI MCCC I XVIII KAL . SEPT. O.
CHUNRAD DE OBERNDORF

Ein weiterer Stein, der ebenfalls aus der Zeit um 1300 zuzurechnen ist, trägt eines der ältesten auf Salzburger Boden gefundenen vollständigen Familienwappen. Die Inschrift darüber lautet in wenigen Worten:

HIE LEIT HER MAN GAERR

Dieser Stein liegt im Kreuzgang des Klosters.

Es folgen weitere Grabsteine von für Salzburg bedeutenden Geschlechtern und Persönlichkeiten, wie z. B. 1327 Heinrich v. Prunning, 1343 Wulfingus v. Goldek, 1348 Ulrich v. Chalchochsperg, 1360 Ann de Nustorferin, 1382 Ulrich von Wechslar, um nur einige zu nennen.

Von 1400 bis 1500 scheinen unter anderen die Geschlechter auf: 1445 Rordorfer, 1448 Cheuzel, 1456 Ueberaker, 1475 Haunsperger. In der Margarethenkapelle selbst, in der die meisten und bestens erhaltenen Grabplatten liegen, fand die erste Beisetzung im Jahre 1454 statt.

Die vorgenannten Grabsteine, wie überhaupt die vorhandenen Grabdenkmäler aus der Zeit von 1288 bis 1634, wurden von Dr. M. Walz in „Die Grabdenkmäler von St. Peter und Nonnberg zu Salzburg“ ausführlich und mit vielen Abbildungen beschrieben. (Salzburger Landeskunde 1867–1875), siehe chronolog. Verzeichnis Seite 13–16.

In welchem Zeitraum sich die im Jahre 1865 entdeckte Begräbnishöhle im Mönchsberg, die als Gruft für die Mönche benützt wurde, einordnen läßt, bleibt wohl einer späteren Forschung vorbehalten. Diese im Berge befindliche Gruft wurde 1865 vermauert.

Auf dem ältesten Gesamtbild der Stadt Salzburg, um 1553 (im Abteisaal von St. Peter befindlich), ist das Ausmaß des damaligen Friedhofes noch nicht voll erkennbar, obwohl unter Abt

Petrus (1436–1466) der Friedhof mit einer Mauer umfaßt wurde. Erst als die Grüfte erbaut wurden – die Grüfte IV–VII um 1623, die Grüfte IX–XXIV 1615 bis 1626 und die Grüfte XXV–LIV 1628 bis 1630 – wurde das jetzige Erscheinungsbild geschaffen. Die Grüfte Nr. IV bis VIII wurden von den Inhabern selbst erbaut. Dies ist auch für die Grüfte IX–XXIV anzunehmen, da sie hinsichtlich des Ausmaßes und der Dachgleiche verschieden waren. Die Grüfte Nr. XXV–LIV wurden unter Abt Albert (1626–1657) aus Mitteln des Stiftes erbaut und erst dann an interessierte Familien übergeben.
An der Stelle der heutigen *St.-Margarethen-Kapelle,* dzt. 1. Aufbahrungskapelle, stand schon zu Zeiten des hl. Rupertus eine Kirche, wurde später unter Erzbischof Arno (785–821) erneuert, nach einem Brande im Jahre 1127 wiederhergestellt und schließlich um 1491 wegen Baufälligkeit im gotischen Stil von grundauf neu gebaut.
Die *Kreuzkapelle,* dzt. 2. Aufbahrungskapelle, wurde um das Jahr 1170 romanisch erbaut, geht aber in ihrem Ursprung ebenfalls auf den hl. Rupertus zurück, und dürfte im Verband mit dem alten Kloster gestanden sein. Die jetzige Form erhielt diese Kapelle um 1624 und wurde von Anton Graf Lodron als seine Grabkapelle erbaut.
Nicht einig sind sich die Historiker über das Alter der *Katakomben* im St.-Peter-Friedhof. Man kann aber getrost – da derzeit vorhandene Hinweise widersprüchlich sind – der Tradition des Stiftes St. Peter folgen. Demnach existierte schon vor Ankunft des hl. Rupertus im alten Juvavum eine christliche Gemeinde. Um das Jahr 460 war jedenfalls die Stadt bereits ein Bischofssitz. An diese Tradition anschließend hat Rupertus um 700 das Kloster St. Peter auf dem auch durch Märtyrer geheiligten Boden erbaut. Innerhalb der Katakomben, in der St.-Gertrauden-Kapelle, wurde im Jahr 1178 ein Altar geweiht. Im Spätmittelalter wurden die Katakomben als Einsiedelei und als Buß- und Betraum benützt. Derzeit wird in dieser ehrwürdigen Stätte des öfteren, besonders von Jugendgruppen, das hl. Meßopfer gefeiert.

Chronologisches Verzeichnis der vorhandenen Denkmäler, 1288 bis 1634

(Nach Dr. M. Walz)

1288 Ditmarus, Abt
1300 Chunrat de Oberndorf miles
1300 Marquardus dictus Lekcher
1300 Herman Gaerr
1327 Heinricus de Prunning miles
1343 Wulfingus de Goldekk Pincerna
1348 Ulricus Calhochsperg
1358 Wulfingus junior de Goldekk
1360 Anna die Nusdorferin
1361 Marichardus dictus Lamp
1363 Aichaimer Gertraud geb. von Polhaim
1364 Otto de Raittenhaslach mag. cur. Salz.
1369 Wilhelm der Rentager?? Rentarm?
1375 Johannes II. Rozzes, Abt
1376 Elspet die Nusdorfferin
1377 Petrus dictus Chrawtburm de Chraintach
1382 Ulrich der Wechslar
1382 Sawrer des Wechslars Brueder
1382 Chunrat der Taufchind
1382 Gottfrid Schreiber dictus Flusthert
1397 Wolfgang Waldekker
1397 Heinricus de Hassia
1405 Hardneit der Vischar
1408 Thomas Pucznar
1416 Leonhard, Abt
1416 Martinus dictus Räwtter
1420 Ulricus Plankenfelser, Abt
1422 Turlinger pleb
1424 Nusdorfer Peter
1424 Reinperger Friedrich
1424 Chropffel Chunrat
1428 Notenhauser, Abt
1429 Rauhenperger pleb
1430 Mosar Ortolf
1431 Hutterin uxor Jacobi Waller
1435 Gossold Jodocus pleb
1435 Georg I. Waller, Abt
1436 Erhard Lomptz, Abt
1436 Ottenperiger Hanns
1437 Hanns zum Tor
1438 Meermoser Hanns
1438 Ebser Johann, Bischof
1445 Rordorfer Leonhard
1446 Rordorfer Erasmus
1446 Siedelsdorfer Stephan
1448 Chluchaymer Barbara
1448 Cheuzelsches Familiengrab
1450 Sporer Stephan
1453 Suntner Caspar
1454 Posser Jeronymus pleb
1456 Ueberacker Virgil
1457 Schenhuber Thomas
1458 Schaurer von Pars, Ulrich
1465 Heinrich von Ebs
1466 Pusterl Ulrich von Traunstain
1472 Harthofer Christian
1474 Werder, Familiengrab
1476 Praczl Hanns
1481 Ueberacker Wolfhard
1481 Steinhaur Wilhalm
1482 Parrogl Margaret
1482 Semler Johannes
1482 Rardorfer Georg
1483 Glaunperger Magdalena
1485 Hans Preys von Pilgreinsgrein
1486 Ueberacker Ernst
1486 Kaser, Familiengrab
1487 Georg Aigl zu Lind
1488 Holtzer Johannes Doctor
1491 Atzinger Vdalricus pleb
1492 Werder Marcha
1495 Prack Wenzeslaus Arzt
1495 Rudbertus V Keutzl Abt
1495 Reitter Martin
1496 Strochner Anna
1497 Dürr Sebastian presbt.
1500 Reütter

1500	Hueber Mainhard
1501	Keiczel, Familiengrab
1502	Virgilius (Pichler), Abt
1503	Ternfelder Ulrich
1503	Matzsperger Hanns
1505	Reusch Hans
1506	Panichner, Familiengrab
1506	Stratenbanger Hainrich
1507	Harsch Martein und Schilt Hans
1507	Stabel Michael
1507	Kraft von Gruenpach
1507	Wisser Steffen
1508	Kheitzel Alex. und Sigmund
1508	Nusdorfer Hans
1508	Medar Hanns
1510	Hassenfues Osswalt
1511	Aurpacher Jörg
1511	Serlinger Johannes
1514	Matsperger, Familiengrab
1514	Tunkl Sebastian
1514	Seidelberger Joannes
1515	Rosenlacher Wilhalm
1515	Muntigler Jorig
1517	Scherringer Michael
1518	Wolfgangus (Walcher), Abt
1520	Herzenhaim Christoff
1520	Kelner Johannes
1521	Pratzl zu Radek Hanns
1508	Keuczl, Familiengrab
1522	Staupitz Johannes Abt
1523	Trenbach von, Martha
1526	Tuckner Jacob
1530	Lasser, Familiengrab
1531	Wydman Hanns
1531	Grienn Bartlme
1532	Ueberakcher zur Sighartstain Virgily
1534	Elsenhamer
1535	Chilianus (Pitrich) und Georgius (Oeller) Aebte
1538	Keutschach von, Warbara
1540	Grien und Pfliegl, Familiengrab
1541	Pleyer, Familiengrab
1542	Alber Anna
1542	Mossleitner, Walch, Wernndorffer
1545	Schussteter Thoman
1545	Lasser zu Lasserekh Ruedprecht
1547	Rettinger zu Wissbach Dorothea
1547	Mötelhamer Baltasar
1549	Braunfalckh Barbara
1550	Maiburger Juliana
1551	Diether zu Schedling Sigfried
1552	Munich zu Munichhausen Hanns
1553	Egydius (Radlmair), Abt
1554	Alt Ludwig der Aeltest
1554	Pegius von Pillichgraczs Martin
1555	Stainhauser zu Winkl Barbara
1555	Khirchperger, Familiengrab
1558	Guetrater zu Puechstein Ursula
1559	Wrang von, Anna und Mannswein von Khuenburg zu Khünegg
1559	Alt Johannes
1562	Widmer Eustachius
1563	Elsenhamer Virgili
1565	Greperger Rosina (Nopping)
1566	Langin Margareth (Hofer)
1566	Khienburg zu Khienegg von, Gandolf
1567	Primer Lienhart
1567	Griming zu Niederrain Franz Wolfhart
1568	Diether zu Schedling Virgil
1569	Haunsperg zum Vachenlueg. Familiengrab
1571	Kopp Achaz
1571	Ueberackher zum Sighartstein Sebastian
1572	Ueberackher zu Sighartstein Hans Görg
1577	Schankhopf (?) Swastian
1577	Benedictus (Obergasser), Abt
1581	Guetraterin Elsabet
1581	Franckmann, Familiengrab
1582	Ergot Hanns, Familiengrab
1583	Feiertag Peter
1583	Vischer von Nauders Hans
1584	Hoflinger Sebastian
1586	Dr. Maier, Familiengrab

1586 Alt Ludwig der Jungere zu Goldenstain
1586 Trautmannsdorf von, Wilhelm
1588 Strasser Paul
1590 Tuchtig Cristof
1590 Geitzkhofler Uriel
1592 Geitzkofler Maria
1592 Schmidtmann, Familiengrab
1593 Werner von Raitnaw zu Langenstein
1593 Knoll Rudolph und Jeremias
1594 Alt Ludwig
1594 Widmann Berthold
1594 Grimming zu Niederrain Barbara
1595 Igl Katarina
1595 Thun von, Grafin Anna Catharina
1596 Tandio August
1596 Briefer Sebastian
1596 Han Andre
1596 Fleckh Melchior, Hofmedicus
1596 Höfinger Baltasar
1597 Widman Ludwig
1597 Gufler Johann
1597 Springauf Kaspar
1597 Grueber Lucia
1598 Stainer Georg
1598 Kreidenweiss Susanna
1598 Kastl Georg
1598 Wassowic Peter
1598 Nusdorfer Hans
1598 Rottmajer Johann
1599 Pünau v., Gundhart
1599 Alt Christof
1600 Thanhausen Elisabeth
1600 Khuen von Belasi Ferdinand
1600 Khuen Magdalena
1600 Förstl Katharina
1600 Khuenburg Wolf Dietrich
1600 Feichtner Caspar
1600 Lechle Georg
1600 Fleckh Barbara, geb. Wenig
1602 Hans Felix u. Rosina Riz-Altmann, Kinder
1602 Valentin Halbmöckh-Alt, Kind
1602 De Pallant et Briedeband Christof
1602 Mony-Khuner Onophrius, Kind
1602 Wackher Hans, Stuhlschreiber, Wassermann Hellena
1603 Olkhofer, Hofadvocat und Rauender seine Hsf.
1603 Hueber Johanna
1603 Eder Leonhard, Hofeinkaufer, Graubitzer Katharina
1603 Khielseisen Michael, Stadtschmid, Hogenberger Martha und Khärer Anna
1603 Dürner Wilhelm, Kancellarius
1603 Perger Andreas, pleb
1604 Berner Cordula, Kind
1604 Khnoll-Alt, Kind
1604 Sailer Adam, Aichhorn Barbara, Medlhammer Rosina
1604 Fabricius Gervas J. U. Doct
1604 à Wolkenstein et Rodenegg Baron, Dom-Probst
1604 Walther-Götschl Benigna
1604 Fabricy-Thenn Cordula
1605 Jünschitz Math. Kammerdiener, Ettinger Felicitas
1605 Khurz Maria
1605 Schaebel-Mühlberger, Jungfrau
1606 Wümer Hans, Wibmer Veronica
1606 Grueber Adam, Handelsmann, Wibmer Maria
1606 Strass-Ueberacker Ursula
1607 Fabricy Tobias, Pfleger
1608 Pramperger Wolf, Urbarrichter
1608 Khopfersberger Leonhard, Taxator, Prenner Marg.
1608 Schmidmaier Christof, Pfleger, Leopotinger Rosina
1608 Leiten Hans, Schleifer, Lange Mandl, Benigna
1609 Graser Andreas, Abt
1609 Rehlingen Friedrich, Rat
1610 Alt Johann, Junckher
1611 Berner, Thenn, 3 Kinder

1611 Zapler Augustin, Urbarrichter, Kharner Sabina
1611 Sailer Wolfgang, Handelsmann
1611 Eder Sebastian, Stadtrat, Guetrat Barbara
1611 Stainhauser Andre, Handelsmann, Geitzkofler Kath.
1612 Eglauer Andre, Gastgeb, Sturm Magdalena
1612 Rentleitner Christof, Pfleger, Rosenstaller Magdalena
1613 Magerl Wolfg. Urbarrichter
1613 Wolffurth-Schellenberg Anna
1615 Rehlingen-Haunsperg Marx, Kind
1615 Alt-Thenn Rosina
1615 Lunger Sebastian, Urbarcommissär, Ranacher Lucretia
1615 Lodron Anton, Domprobst
1615 Hattinger Martin, Abt
1616 Mabon-Peringer Barbara
1616 Stainvartz Simon, Kreuchin Barbara
1616 Halbmöckh-Alt Eva, Widman
1616 Fabricy-Alt Katharina
1618 Randacher-Sittich Katharina, Guetfreund
1618 Oeberl Martin, Hofschmid, Möracker Barbara, Meinl Rosina
1619 Alt Sebastian, Cammerrat, Popp Jacobe
1619 Knoll Sophia
1620 Perner Hanns Jacob, Christine, Heinrich, Kinder
1620 Lammerer Margaretha
1620 Rehlingen-Alt Maria
1620 Lorcher-Widman Hans Georg, Kind
1620 Fabricy-Alt Felicitas
1620 Ehrgott Leuhard, Feldkriegsrath
1621 Spiegl Margaretha, Knoll Hellena, Moser Ursula
1621 Burger Josef, Professor
1622 Rotmair Ruprecht, Dr. theol.
1622 Schad â Bellmont, Johann-Hartmann
1622 Ehrgott-Brieffer Margaretha
1623 Sailler Sebastian, Rat und Gastgeb. Knott Juliana
1624 Rost in Aufhoven und Kelburg Johann
1624 Alt-Gutrat Euphrosine
1625 Weber Herrman, Hofgoldschmid, Pfenninger Maria, Lechner Sara
1625 Schaller Martin, Pleb
1626 Buchauer Joachim, Abt
1626 Fabrizi-Rechseisen, Kind
1627 Lasser-Rosenperger Judit zu Lassereck und Unterach
1627 Stellner Virgil Canzellarius
1627 Stainhauser-Alt Appolonia
1628 Setnitzkhi von Holtitz-Khynburg Barbara und Caspar
1628 Pichler, Majr Warg, Rentleitner Appol.
1630 Jacobus de Julianis
1632 Hackhl-Hochmaier Franz, Kind
1632 Weiss Seb. Conrad, bair. Rat
1632 Cammerlacher-Köpfl Maria, Kind
1632 König Johann Rupert, Kind
1632 Stellner Alma
1632 Fux Alexander, Stadtrat
1634 Schmidtmayer-Claner-Oettenperger-Leopotinger Rosina
1634 Baumann Elisabeth
1634 König Friedrich, baier. Rat
1634 Küzmagl Johann, Vicekanzler
1634 Trapp Franz, Max. ephebus aulae
1634 Plahueber? Milgruber Gertraud
1634 Hueber Balthaser, Landschaftskanzler

Die Friedhofsordnung

Kaufbriefnotel – Verleihbrief – Nutzungsrecht – Gebühren

Die erste Friedhofsordnung wurde unter Abt BEDA SEEAUER (1753–1785) erlassen, welcher auch einen Friedhofsplan anfertigen ließ, wobei die Arkadengrüfte die Nummern I–LV erhielten. Diese Numerierung gilt auch heute noch, lediglich die Grüfte I–III wurden lagemäßig geändert. Vor dieser Zeit wurden die Grüfte nach der jeweiligen Lage umschrieben, so z. B. „hinter der St.-Margarethen-Kapelle zwischen dem Felde des N. und des N. gelegen", oder „das 5. Feld von der Hl. Kreuzkapelle zum Nonnberger Tor gelegen".
Die Grüfte wurden früher mittels „Verleihbrief" oder „Kaufbrief" auf „Stätt und ewig und für all die ihrigen, sodessen Nam und Stamm sie sind" angeschrieben. Die unter Abt Albert III. um 1630 erbauten Grüfte wurden um 72 Gulden abgegeben, für die Kommunegruft wurden 1769 10 Gulden und für Grüfte auf freiem Feld 1853 20 Gulden verlangt. Außer den vorgenannten Kaufsummen waren keine Zahlungen zu leisten. Die Erhaltung der Grüfte, auch des Mauerwerkes und der Bedachung oblag dem Gruftinhaber. Bei Nichteinhaltung dieser Verpflichtung besaß das Stift das Heimfallsrecht. Bei Besitzwechsel wurde lediglich eine Überschreibungsgebühr verlangt, die 1690 3 fl. 42 kr und 1856 5 fl 24 kr betrug. Die Kaufsumme, die aber ein neuer Grufterwerber an den Vorbesitzer zu bezahlen hatte, war zumeist verhältnismäßig hoch und lag in einer Größenordnung von 70 bis 250 Gulden. In manchen Übergabeverträgen wurde der Preis überhaupt nicht genannt, sondern mit dem Passus „mit einer bestimmten Kaufsumme verglichen" dem neuen Inhaber überschrieben.
Die Höhe der Grabgebühren war dagegen geringfügig und betrug für die größeren Gräber 18 Kreuzer. Bei nicht wenigen Familien wurde überhaupt nichts verlangt.
Betrachtet man die Besitznachfolge der Gruftinhaber, so wird besonders augenscheinlich, daß der „ewige" Besitz nicht sehr lange angedauert hat. Von den in St. Peter befindlichen 54 Grüften (die Grüfte V–VIII wurden 1623, die Grüfte IX–XXIV vor 1623 und die Grüfte XXV–LIV von 1628 bis 1630 erbaut) ist nicht eine einzige, die noch im Familienbesitz der Ersterwerber ist. Die Ursachen der Besitzwechsel waren vielfältiger Natur, zumeist das Aussterben einer Familie. Die Kindersterblichkeit war oft erschreckend hoch. So wurden 1771 51 Erwachsene und 36 Kinder, 1772 52 Erwachsene und 83 Kinder, 1780 61 Erwachsene und 29 Kinder, 1790 44 Erwachsene und 31 Kinder, 1800 49 Erwachsene und 28 Kinder beigesetzt.
Bei manchen Familien wurde die Gruft wegen Verlegung des Wohnsitzes übergeben, bei anderen zeigten die Nachkommen ein Desinteresse und ließen die Gruft verwahrlosen. Aber es gab auch Erbstreitigkeiten, wohl weniger wegen der Besitznachfolge, sondern mehr wegen des Verkaufserlöses.
Im Februar des Jahres 1845 fiel dermaßen viel Schnee, daß eine Reihe von Gruftdächern einstürzte und dabei auch zum Teil das Mauerwerk, die Säulen und Gitter mitrissen. Es betraf dies die Grüfte XXV bis XXXVII. Die Gruftinhaber mußten mehrmals aufgefordert werden, den Schaden ehestens zu beheben. Zwei Gruftinhaber zogen es vor, die Gruft und die Grabmonumente zu verkaufen. Noch schwieriger wurde die Situation um 1880, als der Friedhof gesperrt wurde und deshalb das Interesse an der Erhaltung der Grüfte mehr und mehr schwand. Hier half auch nicht die vertraglich übernommene Verpflichtung, die durch die Friedhofs-

sperre von den meisten Inhabern als nicht mehr existent betrachtet wurde. Die Grüfte waren durchwegs mit Holzschindeln gedeckt, und waren deshalb für Wasserschäden besonders anfällig. Manche historische Wandmalerei ging deshalb für immer verloren.
Im Jahre 1930, nach der Aufhebung der Friedhofssperre, war auf Grund des Bescheides des Stadtmagistrates für den St.-Peter-Friedhof – bis zur Erlassung einer eigenen Friedhofsordnung – die Städtische Friedhofs- und Begräbnisordnung maßgebend.
Nach verschiedenen Entwürfen und deren rechtlicher Überarbeitung (1936 und 1938), trat die für den Friedhof geltende Ordnung mit 20. September 1949 in Kraft, und diese gilt auch heute noch. Diese Ordnung hält sich an die jeweiligen Bestimmungen, welche für die übrigen Stadtfriedhöfe in Geltung sind. Sie enthält jedoch zusätzliche besondere Vorschriften bezüglich der Denkmalschutzbestimmungen, die Beschränkung der jährlichen Beisetzungen, eigene sanitätspolizeiliche Auflagen und die Verpflichtung, über die durchgeführten Erhaltungsarbeiten der zuständigen Magistratsabteilung Bericht zu erstatten. Neue Übersichtspläne mit Numerierung der Gräber wurden 1934, 1937 und zuletzt 1948 aufgelegt.
Auf Grund der früher gemachten Erfahrungen, werden ab 1930 die Grüfte oder Gräber nicht mehr auf „ewige Zeiten“ oder auf „Friedhofsdauer“ vergeben, sondern nur auf 30 bzw. 15 Jahre; jedoch mit dem Recht der anschließenden Verlängerung des Nutzungsrechtes. In der nachfolgenden Paragraphenübersicht sind stichwortartig die für den St.-Peter-Friedhof geltenden Vorschriften ersichtlich.

Paragraphenübersicht

zur Friedhofs- und Begräbnisordnung für den

St.-Peter-Friedhof

I. Allgemeine Bestimmungen (§§ 1–8)

§ 1 Eigentum am Friedhof, Eigentum an Grüften, Erlöschen aller Nutzungsrechte mit Schließung des Friedhofes

§ 2 Friedhofsverwaltung: Stiftskämmerei-Friedhofsverwaltung (in der Folge mit FVw. abgekürzt)

§ 3 Zugelassene Riten, Anzahl der jährlich zulässigen Bestattungen, kein Anrecht auf Bestattung, freies Ermessen der FVw, von der Bestattung ausgeschlossene Personen, Bestattung auswärts Verstorbener

§ 4 Beisetzung in Särgen, Leichen von Kindern bis zu 5 Jahren haben keinen Einfluß auf die weitere Belegbarkeit

§ 5 Bestattungsgenehmigung, Infektionskrankheiten, Leichenpapiere, Bestattungsunternehmungen, Konventmitgliederbegräbnisse

§ 6 Exhumierungen

§ 7 Voraussetzungen der Bestattungsbewilligung seitens der FVw

§ 8 Einteilung der Gräberfelder: für Stiftsangehörige, für Stiftsfremde, der Streifen an der Stiftskirche

II. Ordnungsvorschriften (§§ 9–15)

§ 9 Besuchszeiten
§ 10 Verhalten der Friedhofsbesucher, Anordnungen der Aufsichtsorgane
§ 11 Verbotsvorschriften für die Friedhofsbesucher
§ 12 Bestattungszeiten, Zeiteinteilung durch die FVw, Gebührenaufschläge für Samstage und Sonntage, Bestattungen in der warmen Jahreszeit, Verantwortlichkeit der Parteien für das Einhalten der Zeit, Anordnungen durch die Verkehrsbehörde
§ 13 Art und Dauer der Trauerfeierlichkeiten, Totenmesse, Läuten der Friedhofsglocke
§ 14 Ausführung von Arbeiten im Friedhof
§ 15 Erhaltung bestehender Grabdenkmäler, Zustimmung des Landeskonservators bei Neuerrichtungen
Termine: bis 1. 5. jedes Jahres Bericht an den Landeskonservator
Termine: Bericht des Landeskonservators und der FVw gemeinsam an den Stadtmagistrat
Verwendung der Bestattungsgelder zur Friedhofserhaltung

III. Einteilung des Friedhofes (§ 16)

§ 16 Einteilung der Begräbnisfelder:
A. nach dem Gesichtspunkte des Denkmalschutzes gegliedert nach den Farben: grün, gelb, rot
B. nach der Belegungsmöglichkeit
C. Ausmaße der Grabstätten
D. Umlaufszeit: 15 Jahre, Umsargen: nach 20 Jahren
E. Belegungsstärke

IV. Nutzungsrechte (§§ 17–19)

§ 17 Leistungen der FVw nach dem Gebührentarif
§ 18 Dauer des Nutzungsrechtes, Mindestruhefristen 15, 30 Jahre
§ 19 Nutzungsrechte an Familiengräbern: jeweils 15 Jahre, Beisetzung und Aushebung von Särgen
§ 20 Erwerb des Nutzungsrechtes durch Eintragung in die Friedhofskartei, Verlängerung des Rechtes, Grenzen der Nutzungsrechtsausübung
§ 21 Ausbetonierungspflicht des Nutzungsrechtserwerbers, Abschließungspflicht
§ 22 Keine Reihenfolge in der Erwerbung der Nutzungsrechte, vorzeitige Zurücklegung, Vergütung seitens der FVw
§ 23 Beisetzung von Verwandten des Nutzungsrechtsinhabers, Sondergebühr bei Beisetzung sonstiger Personen
§ 24 Erwerbung von Nutzungsrechten durch Korporationen
§ 25 Zurücklegung des Nutzungsrechtes, Ablösung durch die FVw nur nach Maßgabe des § 22 (2), keine Rückerstattung der Beistellungsgebühr
§ 26 Nutzungsrechte an der Priester- bzw. Kommunegruft
§ 27 Provisorische Beisetzungen in der Kommunegruft, Kaution, Dauer: grundsätzlich 1 Jahr

§ 28 Unterwerfung des Nutzungsberechtigten unter die Kontrolle der Gesundheitsbehörde, Verpflichtung zur Abstellung von Verstößen
§ 29 Urkunden der FVw als Ausweis für Nutzungsberechtigte

V. Übertragung von Nutzungsrechten (§ 30)

§ 30 a) unter Lebenden: Zustimmung der FVw, Verantwortung des Rechtsnachfolgers, Revers
b) auf den Todesfall: testamentarische Berufung bis zum 3. Grad
Erbeinigung
ältester, nächster gesetzlicher Erbe
Erlöschen des Rechtes für Verwandte über 3. Grad hinaus
Eintragung aller Veränderungen in der Friedhofskartei

VI. Erlöschen von Nutzungsrechten (§§ 31–33)

§ 31 durch Zeitablauf ohne Verlängerung
durch Verletzung der Übertragungsvorschriften (§ 30)
durch Verletzung der Bauvorschriften
durch Verletzung der Denkmalschutzbestimmungen
durch behördliche Schließung des Friedhofes
durch erbenloses Versterben des Nutzungsberechtigten
wenn Inhaber früherer Nutzungsrechte die gegenwärtigen Verpflichtungen nicht erfüllen wollen
bei Nichterfüllung sonstiger Verbindlichkeiten trotz Mahnung seitens der FVw
In gewissen Fällen vorherige schriftliche Aufforderung an die Nutzungsberechtigten durch die FVw
§ 32 Anheimfall der Grabstätte an die Erzabtei bei Erlöschen des Nutzungsrechtes
§ 33 Eigentumserwerb an Grabgegenständen durch die Erzabtei bei Erlöschen des Nutzungsrechtes

VII. Vorschriften über die Ausgestaltung und Erhaltung der Grab- und Beisetzungsstellen (§§ 34–41)

§ 34 Friedhofserhaltung in würdigem Zustand
§ 35 Gärtnerische Ausschmückung des Friedhofes, Zustimmung der FVw
§ 36 Verpflichtung des Nutzungsberechtigten zur Anbringung eines Erinnerungszeichens und zu gärtnerischem Schmuck
§ 37 Bepflanzung, Auswahl des Pflanzenmaterials
§ 38 Bestimmungen über Grabeinfassungen
§ 39 Bestimmungen über Aufstellung von Grabkreuzen und Denkmälern
§ 40 Bestimmungen über die Grabhügel
§ 41 Bestimmungen über aufgefundene Knochen, Knochenreste und Leichenteile

VIII. Bestimmungen über Grüfte und Grabmäler (§§ 42–45)

§ 42 Beistellung der Gruft durch FVw, Gewährleistungsablehnung durch FVw, Herstellungspflicht der Partei, Eigentumsübergang an die Erzabtei, Abschluß der Gruft, Denkmalaufstellung, Pflichten der Inhaber von Arkadengrüften, Gedenktafeln für die Kommunegruft

§ 43 Abschließende Genehmigung durch FVw bei baulichen Veränderungen, Inhalt des Ansuchens um Genehmigung, Planbeilagen, Beginn der Arbeiten erst nach Genehmigungsklausel, Anzeigepflicht an FVw über Beginn und Ende der Arbeiten

§ 44 Richtlinien für die Ausgestaltung von Gräberfeldern oder Grabstellenreihen

§ 45 Erhaltungspflicht der Nutzungsberechtigten, schriftliche Aufforderung durch FVw bei Zuwiderhandeln, Erlöschungserklärung, Schadenersatzpflicht des Nutzungsberechtigten

IX. Sanitätspolizeiliche Vorschriften (§§ 46–65)

§ 46 Totenbeschau, Beerdigungsfrist, in Ausnahmefällen Ansuchen bei der Gesundheitsbehörde

§ 47 Aufbahrungen in der Margarethen- oder Kreuzkapelle, geschlossene Aufbahrungen in der Sommerzeit

§ 48 Recht des Stadtmagistrates zur Erlassung von Vorschriften

§ 49 Vorschriften über die Totenbeschau

§ 50 Beerdigungen nach Anordnung des Totenbeschauers vor der in § 46 angegebenen Frist

§ 51 Ort der Totenbeschau

§ 52 Verpflichtungen der Leichenbestattungsanstalten bezüglich Veranlassung der Totenbeschau

§ 53 Leichentransport in Särgen bzw. in verlöteten Särgen

§ 54 Leichentransportmittel, Transport von Kinderleichen (Kinder bis zu 2 Jahren)

§ 55 Bestimmungen über Leichentransportmittel

§ 56 Unterbringung der auf den Friedhof gebrachten Leichen

§ 57 Ort der Aufbahrung

§ 58 Aufbewahrung von Bestattungsbehelfen

§ 59 Ordnung in den Aufbahrungskapellen

§ 60 Keine Bestattung von an Infektionskrankheiten Verstorbenen

§ 61 Verschluß des Sarges vor dem Transport

§ 62 Verpflichtung, die Grabstätten unmittelbar nach der Beisetzung zu verschließen

§ 63 Enterdigung und Überführung, maßgebliche Vorschrift: Vdg. vom 3. 5. 1874 RGBl. Nr. 56

§ 64 Unmöglichkeit, Obduktionen auf dem Friedhof vorzunehmen

§ 65 Oberaufsicht des Gesundheitsamtes

X. Übergangs- und Schlußbestimmungen (§§ 66–70)

§ 66 Strafen bei Übertretungen der Friedhofsordnung

§ 67 Vorschriften über vor Schließung des Friedhofes erworbene Nutzungsrechte, Rückwirkung der Bestimmungen dieser Friedhofsordnung auf alle Nutzungsberechtigten, Aus-

Anhang

Revers

In Anbetracht der Bedeutung des weltberühmten (gemäß § 2 Denkmalschutz, Bundesgesetzblatt vom 23. 9. 1925, BGBl. Nr. 535) unter Denkmalschutz stehenden St.-Peter-Friedhofes verpflichte ich mich im Sinne der Bestimmungen des § 4 des genannten Gesetzes bezüglich der Gestaltung und Ausschmückung

des Grabes (der Gruft) ....

mich genau an die vom Bundesdenkmalamt, Landeskonservator für Salzburg, zwecks Wahrung des künstlerischen, historischen und kulturellen Charakters des Friedhofes gegebene Weisungen zu halten.

Insbesondere erkläre ich mich einverstanden, daß

1. ohne Zustimmung des Bundesdenkmalamtes, Landeskonservator für Salzburg, nichts an der Grabstelle eigenmächtig beseitigt oder verändert wird;
2. keinerlei Arbeiten an derselben ausgeführt werden, bevor nicht das Programm dieser Arbeiten durch den Landeskonservator für Salzburg genehmigt ist;
3. allfällige Arbeiten durch den Landeskonservator für Salzburg überwacht werden, wobei ich mich bereit erkläre, den Weisungen der Denkmalbehörde im Rahmen des genehmigten Programmes bzw. Planes genauestens nachzukommen;
4. alles, was etwa durch meine eigenen Anordnungen oder durch eigenmächtiges Vorgehen der Professionisten (Arbeiter) gegen die obigen Grundsätze Verstoßendes ausgeführt wurde, auf meine Kosten widerspruchslos beseitigen zu lassen.

Salzburg, den ....

....

(Unterschrift)

Die Friedhofsgebühren

War man nach der Aufhebung der Friedhofssperre gezwungen, höhere Gruft- und Grabgebühren zu verlangen, um die ärgsten Schäden an den verlassenen Grüften und Gräbern zu beheben, so wird seit geraumer Zeit der Gebührentarif dem des Kommunalfriedhofes angeglichen. Die Gräber am St.-Peter-Friedhof werden nach der Tarifklasse „Mustergräber" behandelt, bei den Arkadengrüften, den Grüften auf freiem Feld oder bei der Kommunegruft bestehen keine Abweichungen. Im Fall einer Beisetzung wird die Nutzungsgebühr bei Gräbern auf 15 Jahre und bei Grüften auf 30 Jahre im vorhinein vorgeschrieben. Solange keine weitere Beisetzung erfolgt, wird die Gebühr für jeweils ein Jahr berechnet. Damit ist gewährleistet, daß jährliche Budgetmittel für Erhaltungsarbeiten vorhanden sind, ohne die Vorauszahlungen vorzeitig angreifen zu müssen.

In der nachfolgenden, ab 1933 geltenden Gebührenübersicht, ist auch die Geldwertverschiebung aber auch die de facto erfolgte Reduzierung des Tarifes bei den Gräbern deutlich erkennbar.

Nutzungsgebühren pro Jahr

ab Jahr	Arkadengruft	Gruft auf freiem Feld	Grab
1933	50,–	25,–	25,–
1938	50,–	25,–	25,–
1945	50,–	25,–	25,–
1948	150,–	75,–	50,–
1951	200,–	100,–	75,–
1957	200,–	200,–	100,–
1964	300,–	300,–	150,–
1968	400,–	400,–	200,–
1970	500,–	400,–	200,–
1973	600,–	400,–	200,–
1974	650,–	500,–	250,–
1976	1000,–	600,–	300,–
1979	1220,–	720,–	360,–
1980	1465,–	780,–	400,–
1981	1610,–	860,–	440,–

Die Verwendung der vereinnahmten Mittel ist im Abschnitt „Die Erhaltungsarbeiten am St.-Peter-Friedhof" ausführlich und zeitmäßig erläutert.

Die Erhaltungsarbeiten am St.-Peter-Friedhof

Aufgrund der Kundmachung des Gemeinderates der Stadt Salzburg vom 9. 12. 1878 wurde der St.-Peter-Friedhof für Beerdigungen gesperrt. Ein wesentlicher Grund für die Sperre war sicherlich die Eröffnung des Kommunalfriedhofes, zumal man annehmen mußte, daß dieser wegen der Entfernung von der Stadt nur zaghaft angenommen würde. Über die Folge der Sperre des St.-Peter-Friedhofes und des Friedhofs zu St. Sebastian machte man sich zu dieser Zeit nur wenig Gedanken. Aber bereits im Jahre 1895 mußte die Stadtgemeinde im St.-Sebastian-Friedhof einschreiten, damit die Epitaphien in den Grüften nicht abgetragen wurden. Ähnlich war auch die Situation in St. Peter. Von einigen Gruft- und Grabbesitzern wurde nach der Schließung des Friedhofs eine Exhumierung veranlaßt und auch das Familien-Epitaph entfernt. Um 1900 traten bereits die ersten Verfallserscheinungen bei den Grüften und Gräbern ein. Schäden am Mauerwerk, schiefe Grabsteine, zerbrochene Einfassungen oder mit Efeu überwucherte Grabkreuze waren die Zeichen eines sterbenden Friedhofes. Bei diesem Zustand ist es nicht verwunderlich, wenn Stadtplaner auf die Idee kamen, den rückwärtigen Teil des Friedhofs für die neue Drahtseilbahn auf die Festung abzutrennen! Hätte sich das Stift St. Peter seinerzeit nicht dagegen gewehrt, wären weitere Denkmäler zugrunde gegangen und der Friedhof hätte heute ein wesentlich anderes Aussehen.

Um den Verfall der durchwegs mit Holzschindeln, zum Teil nur mit kurzlebigen Fichtenschindeln gedeckten Grüfte aufzuhalten, hat das Stift zusammen mit den nur noch wenigen willigen Gruftbesitzern bis in die 20er Jahre hinein die Erhaltung besorgt. Im ersten Weltkrieg und in der nachfolgenden Wirtschaftskrise waren aber auch im Stifte zu wenig Mittel vorhanden, um den immer wieder anfallenden und immer umfangreicher werdenden Erhaltungsarbeiten nachzukommen.

Eine 1928 vom damaligen Stadt-Verschönerungsverein angeregte Kostenaufteilung zwischen dem Bund (Bundesdenkmalamt), dem Land, der Stadt, dem Stift St. Peter und dem Verein selbst, wurde zwar von den Beteiligten allseits als wünschenswert bezeichnet – konkrete Ergebnisse waren aber schließlich nicht zu erreichen. Als einziger Ausweg, den historischen Charakter und die Einmaligkeit des St.-Peter-Friedhofes erhalten zu können, erwies sich nur eine Wiederbelegung des Friedhofs. Der Gemeinderat der Landeshauptstadt Salzburg hat mit Beschluß vom 24. März 1930 dem Rechnung getragen und eine, wenn auch stark eingeschränkte Wiederbelegung gestattet. Damit entfiel eine Kostenbeteiligung für die öffentliche Hand und mit den anfallenden Friedhofsgebühren konnte dem Verfall endgültig Einhalt geboten werden. Die nach der Wiedereröffnung des Friedhofs durchgeführten Erhaltungsarbeiten zeigt folgende Übersicht:

1931 bis 1937 wurden die dringendsten Dachreparaturen an den Grüften durchgeführt. Einige Grüfte wurden mit Blech eingedeckt. Sämtliche Dachrinnen wurden erneuert und an ein Kanalsystem angeschlossen. Grabsteine wurden aufgerichtet, Einfassungen neu gesetzt und verlassene Gräber neu bepflanzt.
Ein besoldeter Friedhofswärter besorgte die Sauberhaltung und Beaufsichtigung des Friedhofs.

1938 Die schadhafte Böschungsmauer hinter der Stiftskirche wurde abgetragen, neu fundamentiert und wieder aufgebaut.
Die früher als Abdeckplatten verwendeten alten Grabplatten wurden an anderen Stel-

len im Friedhof aufgestellt. Neue Marmor-Abdeckplatten wurden verlegt. Außerdem wurden die Wege wegen starker Frostaufbrüche instandgesetzt, Rigolen und Wasserschächte ausgemauert.

1939 Eine Reihe von Grüften erhielt eine neue Dachschalung und ein neues Lärchenschindeldach. Eine Wand des hölzernen Friedhofswärterhauses wurde durch Mauerwerk ersetzt und das Haus innen renoviert.

1940 Ausbau des Friedhofstadels.

1948 Neueindeckung der Katakomben und des Friedhofwärterhauses mit Lärchenschindeln. Ankauf alter Grabkreuze.

1949 Der Dachaufsatz der Kommunegruft wurde erneuert und erhielt zusammen mit den Grüften 42–48 eine neue Schindeleindeckung.

1950 Der Wassergraben zwischen der Stiftskirche und dem Friedhof wurde ausgemauert und mit Lärchenbrettern abgedeckt. Die Blechdächer der Grüfte wurden gestrichen und neue Sträucher und Bäume gepflanzt.

1951 Renovierung der Hagenauer-Gruft und Restaurierung des Ölbildes in der Gruft Nr. 19. Anschluß der Margarethenkapelle an das Stromnetz.

1952–1956 Zeitweilige Einstellung eines Steinmetzen, der, soweit es notwendig war, Grabsteine renovierte, Schriften nachmalte und Einfassungen neu fundamentierte. Die Gedenktafel an den Tondichter Paul Hofhaymer wurde renoviert und zwei aufgefundene alte Grabplatten konserviert und in die Mauer des Friedhofstadels eingelassen.

1957–1960 Der Turm der Margarethenkapelle erhielt ein neues Kupferdach. Die bergseitig gelegene Kreuzkapelle wurde vollständig renoviert, das Mauerwerk trocken gelegt, Ölbilder und Grabdenkmale restauriert. Außerdem wurde ein Stromanschluß hergestellt.

Die Marmorplastik über dem Grab 405/62 wurde renoviert, fehlende Teile wurden ergänzt und die Inschriften nachgezogen. Die störende Freileitung über den Friedhof wurde entfernt und als Ersatz wurden entsprechende Kabel verlegt. Aus Sandstein wurde die Nachbildung einer gotischen Madonnen-Statue vom Bildhauer Franz Karl angefertigt und an der Ostwand der Margarethenkapelle angebracht.

1961–1964 Weitere Grüfte wurden mit Lärchenschindeln neu eingedeckt, sowie ein Abfall- und Kranzschuppen errichtet. Der Haupteingang zum Friedhof erhielt eine neue Eichentüre sowie eine Steinverkleidung. Die Kriegergräber Kürsinger, Ringelheim, Maasfeld und Schmidt wurden renoviert und neu fundamentiert. Ein alter Marmor-Brunnentrog wurde in der Mitte des Friedhofes aufgestellt und an eine Quelle im Mönchsberg angeschlossen. In diesen Jahren wurde wieder ein Steinmetz beschäftigt, der die Renovierung der verlassenen Gräber besorgte.

1965–1967 Vollständige Renovierung der im Jahre 1491 erbauten Margarethenkapelle, Neufassung der alten Butzenscheiben und Erneuerung des Dachstuhls und des Schindeldaches. Die Blechdächer an verschiedenen Grüften wurden mit haltbarer Bessemerfarbe gestrichen. In der Kommunegruft wurden alle Grabdenkmäler gereinigt.

1968–1980 Eine neue Lärchenschindelbedachung erhielten die Grüfte Nr. 9–24 und 49–54. Die „Sieben Kreuze“ wurden entrostet, verzinkt, fehlende Teile ergänzt und nach Unterlagen aus dem Totenbuch beschriftet und auf einem Marmorpodest aufgestellt. Der größte Teil der Wege wurde von einer Straßenbaufirma von Grund auf mit einem stabilen Unterbau und einer Bindeschotterschicht saniert. Außerdem wurden die Steinrigolen neu fundamentiert und neue Sandschächte gebaut.

Das Friedhofswärterhaus (Dienstwohnung des jeweiligen Friedhofswärters), ein alter Holzriegelbau, war in seiner Substanz nicht mehr zu retten und deshalb praktisch unbewohnbar geworden. Das alte Haus wurde mit Zustimmung des Denkmalamtes abgetragen und durch einen der Form nach gleichen Neubau ersetzt. Das Haus erhielt im übrigen eine Zentralheizung und den heute üblichen Wohnkomfort.

Immer wiederkehrende Arbeiten: Pflege und Instandhaltung der verlassenen Gräber und Grüfte, Instandhaltung der Wege, Wasserrinnen und Sandkästen. Rasenpflege, Nachsetzen von Blumen und Sträuchern, Abtransport von alten Kränzen und sonstigem Abfall. Wegen der seit Jahren anhaltenden Häufung von Diebstählen wurden die Beaufsichtigung und der Sperrdienst neu geregelt.

Vorstehende Übersicht zeigt deutlich, daß die dem Friedhof zur Verfügung stehenden Mittel widmungsgemäß verwendet werden. Sicher sind noch manche Wünsche offen und es gibt noch manches zu tun, was aber in den nächsten Jahren erledigt werden kann. Die Friedhofsverwaltung sieht jedenfalls ihre Hauptaufgabe darin, dem weltberühmten St.-Peter-Friedhof seinen historischen Charakter zu erhalten. Dies geschieht im steten Einvernehmen mit dem Bundesdenkmalamt.

Ein Umstand, dem aber derzeit nicht beizukommen ist, resultiert aus der auffallenden Verwitterung der Grabsteine. Dem Institut für analytische Chemie der Universität Wien wurden deshalb mehrere alte Grabplatten zu Untersuchungen übersandt.

In einem Gutachten wird von diesem Institut als Hauptursache der starken Verwitterung die Zunahme von Luftschadstoffen besonders betont. Diese Schadstoffe bewirken eine verstärkte Krustenbildung und eine Schwarzfärbung der Steine, was letztlich zum Abblättern von Randschichten führt. Versuche mit neuartigen Konservierungsmittel haben leider zu keinem anhaltenden Erfolg geführt.

Es wäre nicht richtig und auch unmöglich, alle Grabsteine unter eine Abdeckung zu stellen. Derzeit haben wir keine andere Wahl, als historisch wertvolle Grabinschriften, bevor sie unleserlich werden, nachzugravieren. Alte schmiedeeiserne Grabkreuze werden von Zeit zu Zeit entrostet, minisiert und neu gestrichen. Blechkreuze sind dagegen am anfälligsten und oft nicht mehr zu retten. Als Grundsatz gilt aber auch hier, den Bestand möglichst lange Zeit zu erhalten.

Und so wird den Tausenden von Besuchern unseres Friedhofes eine Friedhofskultur vorgestellt, die in ihrer Mannigfaltigkeit anderswo kaum noch anzutreffen ist. Die schönen Grabkreuze und auch die Grabsteine – oft fotografiert oder kopiert – tragen überdies dazu bei, daß auch in anderen Friedhöfen Beispiele gegen eine überhandnehmende Formlosigkeit gesetzt werden.

Der St.-Peter-Friedhof während des NS-Regimes

Am 9. Jänner 1941 wurde die Erzabtei St. Peter beschlagnahmt, unter kommissarische Verwaltung gestellt und das Vermögen am 1. Oktober 1942 wegen „Volks- und Staatsfeindlichkeit" zugunsten des Deutschen Reiches eingezogen.
Aber schon vorher war es den NS-Machthabern ein Dorn im Auge, daß es in Salzburg noch einen konfessionellen Friedhof gab. So hat der Oberbürgermeister der Gauhauptstadt Salzburg bereits am 24. 10. 1939 einen Bescheid erlassen, demzufolge die Wiederbelegung des Friedhofes widerrufen wurde. Als Begründung wurde angeführt:

1. Die einfließenden Gelder seien nicht zur Gänze zur Erhaltung des historischen Charakters des Friedhofes verwendet worden.
2. Es sei niemals der schriftlichen Berichterstattung nachgekommen worden.
3. Es seien Grabstätten ohne Bewilligung vergeben worden.
4. Überdies seien Beisetzungen zufolge des „Hofdekrets" vom 23. 8. 1784 (!) im Ortsgebiet überhaupt untersagt.

Eine gegen diesen Bescheid vom Stifte eingebrachte Berufung wurde vom Reichsstatthalter von Salzburg behandelt. Da alle vorangeführten Punkte widerlegt werden konnten, wurde der Bescheid als rechtswidrig aufgehoben. Insbesondere hat der damalige Landeskonservator Ing. Eduard Hütter bestätigt, daß die Erhaltungsarbeiten stets im Einvernehmen und mustergültig ausgeführt wurden. In einer nachher vorliegenden Aktennotiz mokiert der Reg.-Sekretär Kurz: „Den Berufungsbescheid verfaßte der Referent des Reichsstatthalters, Graf Ledóchowski – ein Enkel des dzt. Jesuitengenerals in Rom!"
1941 wurde ein anderer Versuch, den Friedhof doch zu schließen, gestartet. Der in der Nähe wohnende Prof. Valentin Janschek sollte als Zeuge dafür gewonnen werden, daß bei Beisetzungen ein „starker Verwesungsgeruch" bemerkbar ist. Aber auch dieser Versuch scheiterte.
Es ging aber weiter. Am 4. 4. 1941 fand in der Sache des Friedhofs eine Besprechung bei Gauleiter Dr. Rainer statt, die in Form einer Gedächtnisschrift protokolliert wurde.
Hiezu einige bemerkenswerte Stellungnahmen:
Oberbürgermeister Giger: Der St.-Peter-Friedhof hat als „Plutokratenfriedhof" keine Daseinsberechtigung!
Kommissarischer Verwalter Dr. Sauseng: Er befürworte die Stillegung des Friedhofs als ein Teil des werdenden Museums, so wie es das Wiener Denkmalamt vorgeschlagen hat.
Landeskonservator Hofrat Hütter: Der Friedhof soll, wie er es heute ist, aus historischen Gründen erhalten werden. Er verwahre sich dagegen, daß ihm das Wiener Denkmalamt in diese Sache hineinredet!
Gauleiter Wintersteiger: Gewisse erworbene Privatrechte auf Bestattung dürfen nicht verletzt werden!
Landesplaner Dipl.-Ing. Schlegel: In der Vergangenheit wurde „unkünstlerisches" in den Friedhof eingebracht!
Gauleiter Dr. Rainer: Die seinerzeitige Wiederbelegung erfolgte, um durch den Zufluß privater Mittel den Friedhof besser instandhalten zu können. Dieser Grund ist weggefallen, da der Besitz „von der toten Hand" von der Gemeinschaft übernommen wurde. Er bedarf keiner

privaten Mittel mehr. Der Friedhof ist dem Volke und denen, die sich für dieses in Kampf und Arbeit hingegeben haben, gewidmet. So wird der Friedhof zu einem Ehrenfriedhof für jene, die dort mit der Zustimmung der Gemeinschaft bestattet werden sollen. Der Gauleiter behält sich daher die Entscheidung vor, wem ein solches Ehrengrab gewährt werden soll. Der Friedhof wird seines konfessionellen Charakters entkleidet. Eine andere Möglichkeit ist, den Friedhof für jede Bestattung zu sperren und ihn zu einem symbolischen Heldenhain umzugestalten!

Am 9. Mai 1941 wurden die Bestattungsanstalten der Stadt verständigt, daß das Vermögen des Stiftes in die öffentliche Hand übergegangen ist. Die Entscheidung, ob und welche Bestattungen vorgenommen werden können, bleibt dem Gauleiter persönlich vorbehalten. Vermögensrechtliche Ansprüche seien jedoch durch die Beschlagnahme nicht verloren.

Hiezu eine weitere bemerkenswerte Aktennotiz von Dr. Sauseng: „Herr Gaukämmerer teilte mir heute mit, daß er über Wunsch einer höheren Persönlichkeit, die er mir aber nicht nennen dürfe, gezwungen sein werde, dem N. N. entgegen zu kommen, N. N. wolle für seine Angehörigen ein Grab im St.-Peter-Friedhof. Es handelt sich um einen politischen Kompromiß!"

Am 11. Juni 1941 machte dann der kommissarische Verwalter den Vorschlag, eine neue Friedhofsordnung zu erlassen. Seine Erläuterung hiezu entspricht ganz seiner damaligen Einstellung. Er übersieht aber, daß er dabei das Gegenteil von dem bestätigt, was im Punkt 1.) des Bescheides des Oberbürgermeisters vom 24. 10. 1939 angeführt ist. Diesbezüglich heißt es: „Nachdem die Aufwendungen für den Friedhof die Einzahlungen weit überschritten haben, kann vom rechtlichen (!) Standpunkt aus, gegen die Aufnahme einer Klause betreffend der entschädigungslosen Auflösung der Nutzungsrechte nichts eingewendet werden." Damit wollte er offenbar die der Partei nicht genehmen Gruft- und Grabbesitzer treffen.

Die Ausarbeitung einer neuen Friedhofsordnung wurde schließlich 1942 als nicht „kriegswichtig" zurückgestellt. Wer in der Folge am St.-Peter-Friedhof beigesetzt werden konnte, entschied der Gauleiter persönlich. Darunter waren auch die ersten Opfer des Bombenangriffs auf Salzburg (Berta u. Eduard Glaser † 19. 10. 1944, Gruft XXXVII). Das letzte Ansuchen, das dem Gauleiter im Februar 1945 vorgelegt wurde, betraf die Überführung der Leiche des Slowaken-Führers Hlinka.

Eine Aversion der NS-Machthaber richtete sich zwangläufig auch gegen die Katakombenführungen. Hier ging man andere Wege! Der „SD" (= Sicherheitsdienst) wurde angewiesen, die Führungen hinsichtlich der Besucher und der Erklärungen zu kontrollieren.

Für Seelenmessen hatte man ebensowenig Verständnis. Einzahler wurden spöttisch angewiesen, den Betrag besser beim „Kriegshilfswerk" anzulegen!

Erhaltungsarbeiten, die in dieser Zeit erledigt wurden, sind nicht aktenkundig und dürften deshalb das nötigste Maß nicht überschritten haben. Ein bleibendes „Denkmal" wurde aber doch hinterlassen, es ist der Luftschutzstollen mit seinem Eingang im Friedhofsstadel!

Gedichte und Sprüche

Mein letzter Wunsch . . .

Ich wünsche mir ein Plätzchen in St. Peter
zur stillen Ruh, so meine Stunde schlägt –
und gönnt mir dann den heißersehnten Frieden,
wenn euch auch tief der Trennungsschmerz bewegt.

Ich bin nicht tot, so lang ich unvergessen
in euren Herzen ein Erinnern hab –
der Liebe letztes, inniges Vermächtnis
wächst wie die Siegespalme übers Grab.

Im Chor der Orgel und der Glockenklänge,
wo Katakomben, Burg, Kulissen stehn,
antike Zeit erzählt aus alten Steinen,
der Türme Kuppeln auf mich niedersehn –

dort will ich schlafen, friedlich eingebettet,
inmitten hehrer Felseneinsamkeit –
doch meine Seele wird in Höhen schweben,
so Gott mir gibt ein seliges Geleit.

Monika Kainzner (gest. 1979), Grab 401/1

Verweile Leser, sieh den Staub
Betrachte hier das fallende Laub
Der edlen Seele ganzes Leben
War ihrem Dienst und Gott ergeben.
Vereint mit wahrer Frömmigkeit
War ihre volle Lebenszeit.
Der Treue, Redlichkeit und Tugend
Ergab sie sich in früher Jugend.
Die Armen unterstützte sie.
Der Kranken Wohl vergaß sie nie.
Denn Wohltun war ihr angemessen.
Dem Stifte bleibt sie unvergessen.

Jeder Gute liebte sie
Sie starb für diese viel zu früh.
Ach – hier ruhet sie.

Anna Hubingerin (gest. 1802), Grab 405/62

Der Salzburger Kirchhof

O schöner Ort, den Toten auserkoren
zur Ruhestätte für die müden Glieder!
Hier singt der Frühling Auferstehungslieder,
Vom treuen Sonnenblick zurückbeschworen.

Wenn alle Schmerzen auch ein Herz durchbrechen,
Dem man sein Liebstes senkt zur Erde nieder,
Doch glaubt es leichter hier; wir seh'n uns wieder
Es sind die Toten uns nicht ganz verloren.

Der fremde Wand'rer kommend aus der Ferne,
Dem hier kein Glück vermodert, weilt doch gerne
Hier, wo die Schönheit Hüterin der Toten.

Sie schlafen süß und sanft in ihren Armen,
Worin zu neuem Leben sie erwarmen;
Die Blumen winken's, ihre stillen Boten.

Nikolaus Lenau

Hier ruht ein Mann

Der zu Juvavens Ruhm vom Pfluge
Zum Lehramt sich erschwang,
Der seine Schüler auf den Pfad geleitet,
Wie einst Korinth und Rom den Bau geführt
Gebäude die dem Einsturz drohten
Stellte er zu neuer Dauer her
Die Tempel die der Gottheit heilig
Paläste die der Fürsten Wohnsitz waren
Sind, wenn der Neider tückisch schweigt
Hievon die redenste Beweise.
Entfernt von Stolz und Prahlerei
Liebt er die Tugend alter deutscher Redlichkeit
Von vielen zwar mißkannt
Von Kennern hochgeschätzt
der treue Gatte, guter Vater, frommer Christ
Gott belohne ihn
Der du die Frommen ewig lohnest.

Wolfgang Hagenauer (gest. 1801), Gruft LII

Eine strenge unerschütterliche
Redlichkeit, ausgezeichnete Talente
und ein deutsches tief fühlendes
Herz waren die vorzüglichsten
Eigenschaften dieses Mannes, der
in der Blüthe seines Lebens aus
der Mitte seiner Freunde plötzlich
dahingerissen ward.

Johann Ritter v. Kürsinger
(gest. 1826), Grab 402/9

Was er im Lied gelehrt
geahnt im Reich der Töne
Am Urquell schaut er's
das Wahre und das Schöne

Dr. Karl Flögel (gest. 1858),
Grab 405/51

Hier lieg ich – und wart auf Dich!
Anna Maria Millerin, gest. 30. 9. 1666

(Inschrifttafel bei Grab 400/3)

Sterben ist einsam
Tod ist Genesung
Sanft sey ihr Schlaf
Freudig ihr Erwachen

Antonie Tomaselli
(gest. 1846), Grab 402/60

Froh gelebt, keinen Scherz verdorben
Viel geplagt und vieles erworben
Viele Freunde, wenig Geld
Doch wenn einmal eingetroffen,
was wir Christen alle hoffen
wird auch er in fernen Welten
als ein lieber Freund uns gelten.

Ernest Walch (gest. 1878), Grab 405/65

Das Andenken an den Tod
ist die höchste Weisheit.
Dieser Wahrheit eingedenkt, ruhn hier
die Eltern und Großeltern
des Weiserischen Geschlechts:
Welche an Jahren und Arbeit ergraut,
In der Bürgermeister und Stadtrath-Würde
Sowohl zu reden, als zu schweigen wußten
Wovon jetzt nur ihre Überbleibsel reden.
Wanderer! – was sprechen denn zu dir
So viele Steine, so viele Zeichen des Todes.
Sieh' überall wirst du das Schicksal lesen,
Mensch du mußt verwesen.
Leb wohl! damit aber die Zukunft,
Deiner Erwartung entspreche,
Lerne Leben und du wirst leben
in Jesu Christo,
Der unsere Weisheit ist.

Franz Xaver Weiser (gest. 1817), Gruft XXII

Sterblicher!
Deine Bestimmung ist die Ewigkeit
Christ!
Dein Beruf Seligkeit

***

Hier ruht ein rechtschaffner Mann,
Herr Johann Lorenz HAGENAUER

Sein Tod, ach vergess ihn wer kann
verursachte billige Trauer;
Der Edle den Jedermann schätzte und liebte
Der sich aller Achtung erwarb,
Der Niemand, so leutselig war er, betrübte
Als da er, der Menschenfreund starb.

Der Hochselige ward geboren den
10. August Ao 1717 und entschlief
gottselig im 4. Jahr seines jubilierten
Ehestandes, im 80.sten seines ehrwürdigen Alters.
Sein zeitlicher Beruf war Spezereihandel, wobei er
aber alle Pflichten seines Standes
eines liebreichen Gatten in seinem Hauswesen, eines
zärtlichen Vaters gegen seine Kinder und eines
edlen und getreuen Bürgers Salzburgs
vollkommen und heilig erfüllte.
Gott krönte seine Verdienste in dem
Er dem edlen Greise in seinem jubilierten Alter
noch die Herzensfreude genießen ließ,
seinen Hochwürdigen Sohn DOMINIKUS
die Würde des 77. Abtes des hiesigen Stiftes
begleitet zu sehen.

Lorenz Hagenauer (gest. 1792), Gruft XVI

Friedhof St. Peter

Unter der steilen Wand des Mönchsberges,
Katakomben in den Fels gehauen,
findest du die Stätte des Friedens.
Das Paradies der Toten: Gräber und Kreuze.

Bienen summen im Frühjahr ihren Vers
von Blume zu Blume. Sträucher träumen
den bunten, duftenden Blütentraum
in den hohen Sternenhimmel.

Im zarten Schleier der Sommernacht
schlafen Türme, Erker, Häuser der Stadt.
Im Mondlicht leuchtet die Burg wie ein Gral.
Immergrün neigt sich kosend Maßliebchen zu.

Aus irdnem Kruge trinkt der Herbst das Leben
und mahnt mit letzter Farbenglut zur Heimkehr.
Auf unsichtbaren Geigen spielt der Wind
Mozarts Requiem.

In der Christnacht läuten die Glocken von St. Peter
den Toten ihren vielstimmigen Choral.
Kerzen flackern und vor den Gräbern
neigt sinnend der Mensch das Haupt.

Josef Bernegger

Der Grabstein mit Inschriften in sechs verschiedenen Sprachen
Feld 402/22, (übersetzt von P. Rupert Schindlauer OSB)

NORDEN

Hier
ruht die Hülle des Wohlgebornen
Herrn
Dominicus Oberlechner
Stadtphysikus Sohns;
und
juris Candidati praecellentis
auf der Universität zu Wien,
welcher
im 23. Jahre d. 27. November 1821
entschlief.
Hienieden die Freude seiner Aeltern!
Jenseits schauend die Quelle
des Rechtes.

OSTEN

Protinus aligeris raperer super
aethera velis,
Nostra nec has iterum viseret
ala plagas
Jam flagrat, et studio nimis inflam-
mata videndi
Mens desiderio deficit aegra suo!

(Würde ich unverzüglich mit geflügelten Segeln über die Lüfte hin fortgerissen, würde mein Flügel diese Gegenden nicht wiederum besuchen.
Schon lodert der Geist, und entbrannt im Eifer, zu sehen, läßt er leidend ab von seiner Sehnsucht.)

La vie de l'home sur la terre
est une guerre perpetuelle.
Il n'y a d'autre port d'autre moyen de
tranquilité,
que la seule mort!

(Das Leben des Menschen auf der Erde
ist ein immerwährender Krieg.
Es gibt keinen anderen Hafen,
kein anderes Mittel zur Ruhe,
als allein den Tod!)

SÜDEN

Humana beltade
Appunto d'un fiore
Non dura gia più:
Si tosto ella cade,
Si presto ella muore,
Che quasi non fù
Di nostra gioventù
Dura si poco il verde,
Che quando a noi si mostra
allhor si perde.

(Menschliche Schönheit
ist gerade wie die einer Blume.
Sie dauert nicht lange:
so bald fällt sie,
so früh stirbt sie,
als ob sie nicht gewesen wäre.
Von unserer Jugend
dauert die Blüte so kurz,
daß sie, wenn sie sich uns zeigt,
auch schon entschwindet.)

WESTEN

Ὁ θάνατος τὸ τέλος ἐστὶ τῆς λυπῆς
τοῦ ἐξορισμοῦ, τῶν πόνων,
καὶ
ἡ ἀρχὴ τῆς ἀιδίου
εὐδαιμονίας.

(Der Tod ist das Ende der Trübsal,
der Begrenzung und der Mühen.
Und der Anfang der ewigen Glückseligkeit.)

All, what is, lives.
Nothing is annhilabl.
Even Mouldering is transition
to new life.

(Alles, was ist, lebt.
Nichts kann man vernichten.
Sogar die Verwesung ist Übergang
zu neuem Leben.)

Im Aufsatz

Ardor (?) videndi
(Leidenschaft, zu sehen)

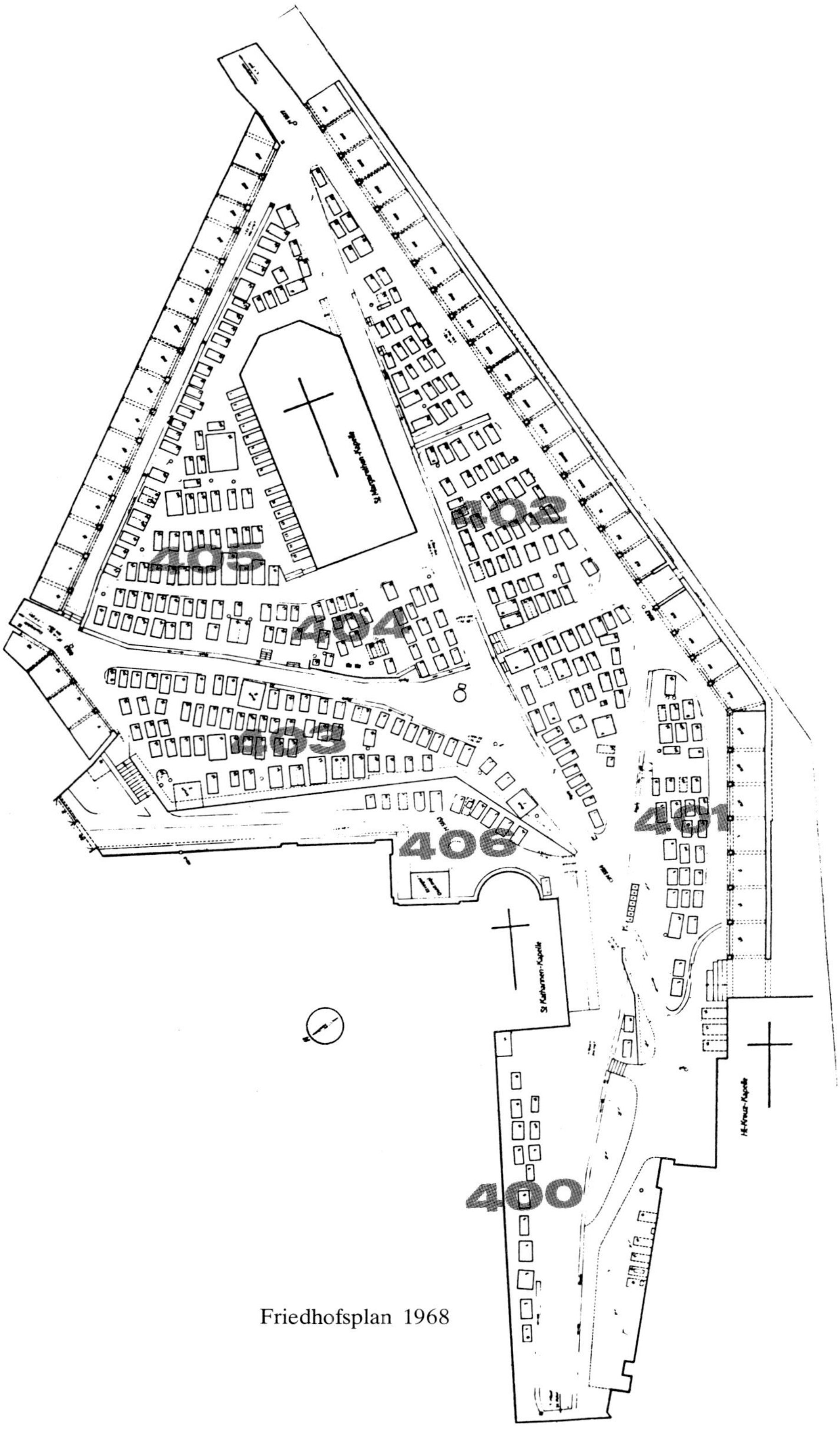

Friedhofsplan 1968

ERDGRÄBER
Felder 400–406

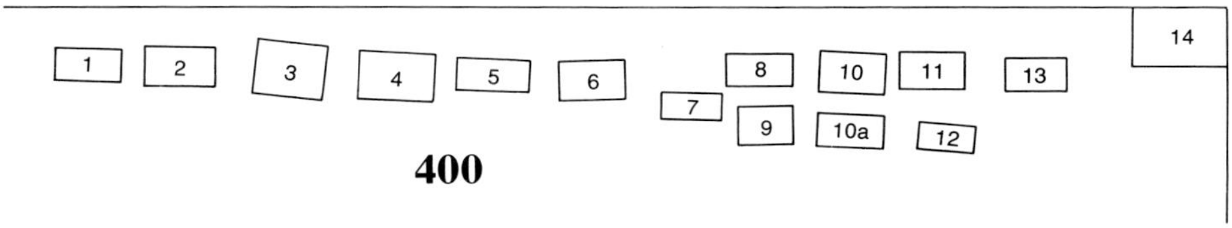

Feld 400 (Namen der Grabinhaber)

1 Denkmalgeschützt, namenlos
2 Denkmalgeschützt, namenlos
3 Aschauer Georg
4 Denkmalgeschützt
5 Scholz Gerhard
6 Denkmalgeschützt
7 Kratschmann Pauline
8 Grell Ferdinand, Kanonikus
9 Denkmalgeschützt, namenlos
10 St. Peter
10a Schmitzberger Georg
11 Denkmalgeschützt, namenlos
12 Mayer Karl
13 Denkmalgeschützt
14 Klaffenböck Erich

Grab 400/1

Ist der Ehrsame Matthias Kempfer, bürgerl. Kupfer-Schmied-Meister, welcher d. 9. hier von unserem Kirchen-Thurm herunter gefallen, begraben worden. Man zwar begehrt, man sollte die Leich hinaus geben und auf St. Sebastian begraben werden, allein ist von uns protestiert worden, und solches nit zugelassen. Derohalbe R. P. Custos die Leich intra territorium bei der Bediensten Kranken Stube ausgesegnet, begleitet und eingesegnet.

den 10. 4. 1755

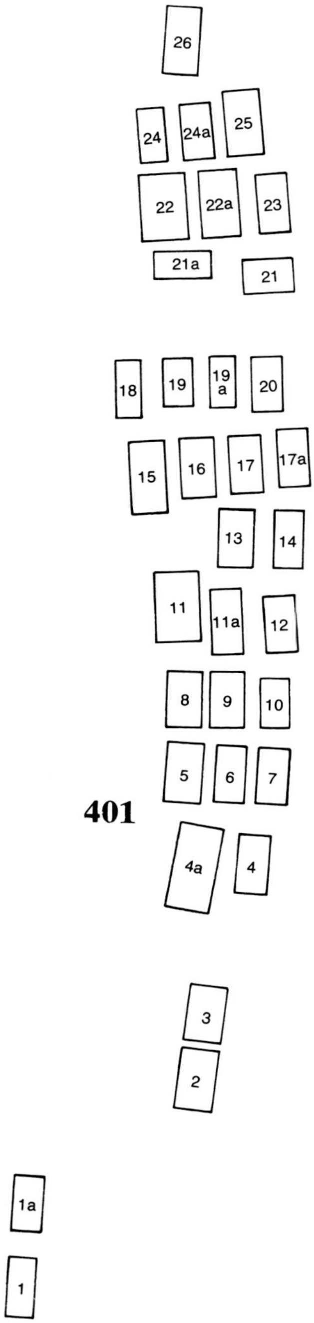

Feld 401 (Namen der Grabinhaber)

1 Doringer Martha
1a Schmidt Maria
2 Lechner Hans, DDr.
3 Jordis Hans
4 Hintner Hans
4a Aigner Erich, Dr.
5 Kramer Hedwig
6 Benesch Ilse
7 Brunner Anni
8 Langwieder Christa
9 Heuer Hans, Prof.
10 Denkmalgeschützt
11 Denkmalgeschützt
11a Rosenberger Herta
12 Wesenauer Antonia
13 Wimmer Magda
14 Köck-Stuckimfeld Elfriede
15 Ragginger Friedrich
16 Neuhold Hans, P. Dr.
17 Pfeiffer Doris
17a Sulzer Josefine
18 Kumpfmüller Romana
19 Danner Maria
19a Schröck Berta
20 Sedlacek Gerlinde
21 Brumm Franz
21a Höllinger Franziska
22 Hörburger Wilfriede
22a Heiduschka Walter, Dr.
23 Hager Notburga
24 Hitzenberger Armin
24a Hilmers Edith
25 Denkmalgeschützt
26 Winkler Grete

Feld 402 (Namen der Grabinhaber)

1 Silber Hilde
2 Denkmalgeschützt
3 Denkmalgeschützt
4 Denkmalgeschützt
5 Denkmalgeschützt
5a Probst Hilde
6 Denkmalgeschützt
6a Azet Rudolf
7 Denkmalgeschützt
8 Denkmalgeschützt
9 Denkmalgeschützt
10 Denkmalgeschützt
10a Rothschädl Hans, Dipl.-Kfm.
10b Rothschädl Hermi
11 Hykysch Michaela
12 Denkmalgeschützt
12a Grasmayr Gertraud
13 Paumgartner Bernhard, Dr. (Ehrengrab der Stadtgem.)
14 Denkmalgeschützt
14a Scherer Maria
14b Kodric Camillo
15 Lindenthaler Andreas
15a Eibenschütz Karl, Dr.
16 Martin Arno (Martin Franz, Dr.)
16a Ehrenbrandtner Anna
16c Denkmalgeschützt
16b Bauer Karoline (Hell Martin, Dr.)
17 Denkmalgeschützt
18 Müller Hans
18a Denkmalgeschützt
19 Ebner Alexander
19a Paulowitz Hans, Dr.
19b Wojtek Poldi

20 Denkmalgeschützt, namenlos
21 Denkmalgeschützt
22 Denkmalgeschützt
23 Denkmalgeschützt
24 Haupoltner Maria
25
26 Jenner Dorothea
26a Gruber Friedrich
27 Winkler Johann
28 Sommerauer Hans, Ing.
29 Kalliany Maria
30 Gallenbacher H., Dipl.-Ing.
31 Salzlechner Hermann, Ing.
32 Hofer Franz
34 Petzold Georg, Maler
35 Schmidt Margarete
36 Bach Georg
37 Schatz Oskar, Dr.
38 Kofler Doris
39 Straßer Erich, Dr.
40 Pittioni Alois, Dr.
41 Schmid Hilde
42 Redtenbacher Maria
43 Niedetzky Hans, Dipl.-Ing.
44 Bernegger Josef
45 Pucher Richard
46 Wladar Gertrude
47 Geiger Josef
48 Denkmalgeschützt
49 Leisner Herta
50 Denkmalgeschützt
51 Stadler Franz
51a Stemberger Günther, Dr.
52 Hanifle Rudolf, Dr.
53 Moßhammer Paula
54 Erlach Paula
55 Stadler Franz
56 Prillinger Maria
56a Peyrebere de Guilloutet
57 Denkmalgeschützt
58 Kollreider Franz, Dr.
59 Denkmalgeschützt
59a Denkmalgeschützt
60 Tomaselli Karl, Dipl.-Kfm.
60a Bartelt Josef
61 Nützl Maria

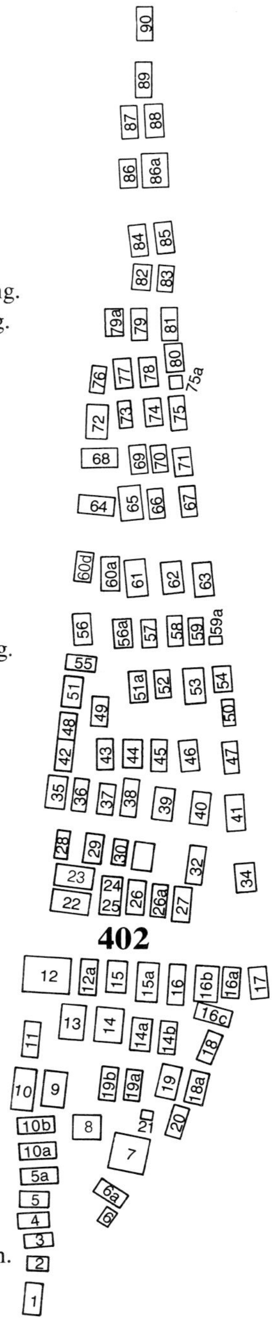

Feld 402 (Namen der Grabinhaber)

62 Schlegel Theresia
63 Werner Anna
64 Sending Paula
65 Stöggl Gertrude
66 Norbert Jean
67 Huber Helmut, Dr.
68 Zulehner Sepp
69 Stöggl Gertrude
70 Lerch Marianne
71 Schwaighofer Johanna
72 Christof Harald, Dr.
73 Dorn Conrad u. Maria
74 Denkmalgeschützt
75 Gerlich Helmut
75a Kapsreiter August, Dr.
76 Haupolter Walther, Dr.
77 Haupoltner Hermann, Dr.
78 Gröger Ulla
79 Wolf Norbert, Dr.
79a Stadler Franz
80 Gehmacher Maria
81 Lonsing Leopoldine
82 Thanner Maria
83 Planer Franziska
84 Lehner Erika
85 Manhartsgruber Franziska
86 Schrems Karl
86a Kolböck Betty
87 Jenicek Erna
88 Riedl Margaretha
89 Sekyra Elisabeth
90 Denkmalgeschützt

Feld 403 (Namen der Grabinhaber)

Gruft I Fendt Berta
1 Premm Roman, Dr.
2 Denkmalgeschützt, namenlos
3 Aschauer Franz
4 Leib Ferdinand
5 Denkmalgeschützt, namenlos
5a Denkmalgeschützt
6 Collins Irene
7 Eberle Johann, Dr.
8 Denkmalgeschützt
9a Wegmayr Maria
9
10 Barocka Egon, DDr.
11 Denkmalgeschützt
12 Esten Emilie
13 Pelikan Juliane
14 Schlager Anna
Gruft III Opferkuch Heinz, Dr.
15 Becker Paul, Prof. Dr.
16 Denkmalgeschützt
17 Dobner Maria
18 Denkmalgeschützt
19 Cremer Maria Luise
20 Denkmalgeschützt
21 Haslinger Michael
21a Mertelseder Katharina
22 Denkmalgeschützt
23 Eberle Josef u. Maria
24 Zehetner Maria
25 Raffel Maria
25a Denkmalgeschützt

Feld 403 (Namen der Grabinhaber)

26 Holzbauer Anna
27 Kollersbeck Benno
28 Denkmalgeschützt
28a Dworak Willi, DDr.
28b Pagitsch Florian
28c Goisauf G. u. Schimek A.
29 Neuhart Ida
30 Weidinger Robert
31 Oellacher Anton
32 Schmelz Arthur, Dr.
33 Denkmalgeschützt
34 Zunzer Franziska
35 Angelberger Maria
36 Hallwirth Franz
36a Blechinger Edmund, Dr.
37 Dworzak Egon, Dr.
38 Norman Raoul, Graf
38a
38b Küenburg-Normann Christoph
39 Bober Cäcilia
40 Krieg Franz
41 Klebel Elisabeth
42 Linhuber Anna
43 Ringhoffer Ferdinand
44 Harta Margarethe
45 Endlicher Margarethe
46 Salzmann Theodor, Dr.
47 Schuster Franziska
48 Hennermann Rudolf
48a Weiser Josef
49 Paula Gertrude
50
51 Hummelbrunner Lina
52 Gann Josef
53 Zawotzky Ernestine
54 Stöllinger Maria
55 Schreder Anneliese
56 Hauser Anna
57 Pflauder Ludmilla
Gruft II Schweinbacher Frieda, Dr.
58 Denkmalgeschützt

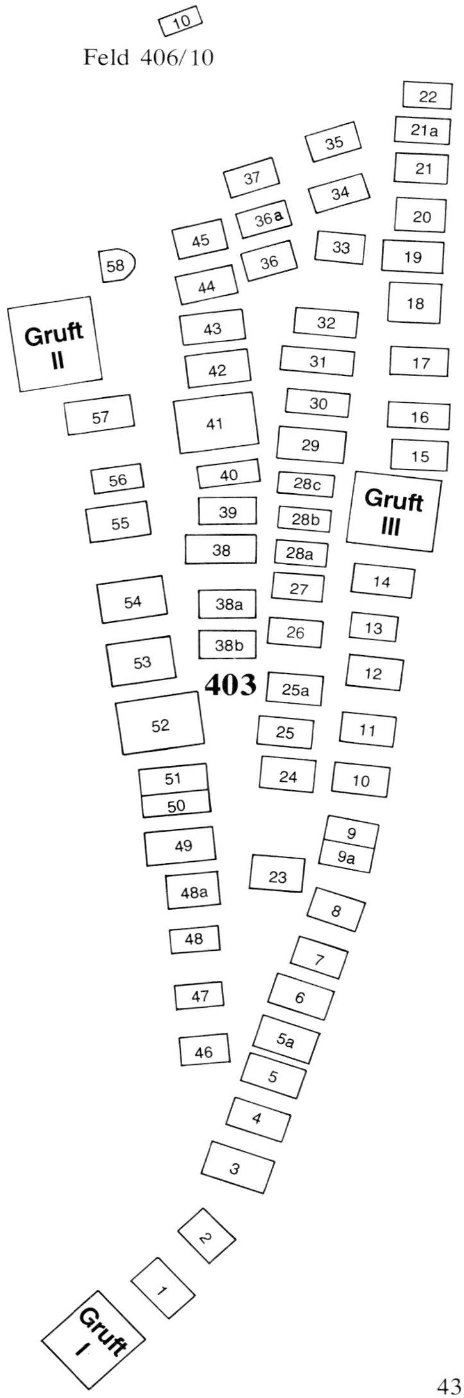

Feld 404 (Namen der Grabinhaber)

1 Eder Georg
2 Denkmalgeschützt
3 Schließleder Ilse, Dr.
4 Denkmalgeschützt
5 Neumann Rudolf, Dr.
6 Denkmalgeschützt
7 Denkmalgeschützt
8 Hofstädter Josef, Dr.
9 Bittner Franz
10 Straniak H., Dipl.-Kfm.
11 Rieß Augusta
12 Pießlinger Maria
13 Lechner Herbert, Dipl.-Ing.
14 Pechlaner Anna
15 Aichelburg-Rumerskirch Raphael
16 Denkmalgeschützt
17 Guggenberg Maria
17a Porstendorfer Erika, Dr.
18 Dorn Walter, Dipl.-Ing.
18a Salentinig Irene-Maria
18b Denkmalgeschützt
19 Denkmalgeschützt
20 Denkmalgeschützt
21 Denkmalgeschützt
22 Denkmalgeschützt
23 Scheffenacker Josef
24 Bernau Ilse
25 Domanig Erwin, Dr.
26 Leitinger Luise
27 Denkmalgeschützt, namenlos
28 Denkmalgeschützt
29
30 Himmler Franziska
31 Lemberger Franz
32 Schmiedbauer Alois, Prof.
33 Weissengruber Theresia
34 Zöchbauer Karin, Dr.
34a Waldenberger Hans
35 Oegg Rudolf
36 Kurzböck Marianne
37 Schiessel Otti
38 Mühringer Franziska
39 Denkmalgeschützt
40 Denkmalgeschützt, namenlos
41 Wipler Maria
42 Rücker Fritz, Dir.
43 Gschwandtner Josef
44 Markl Erwin
45 Denkmalgeschützt
46 Martinowsky Anni
47 Veichtlbauer Rosa
48 Paulowitz Gertraud
49 Meisinger Liselotte
50 Swoboda Ursula
50a Madelsperger Blanca
50b Hofmann Johanna
51 Erbschwendtner Martin

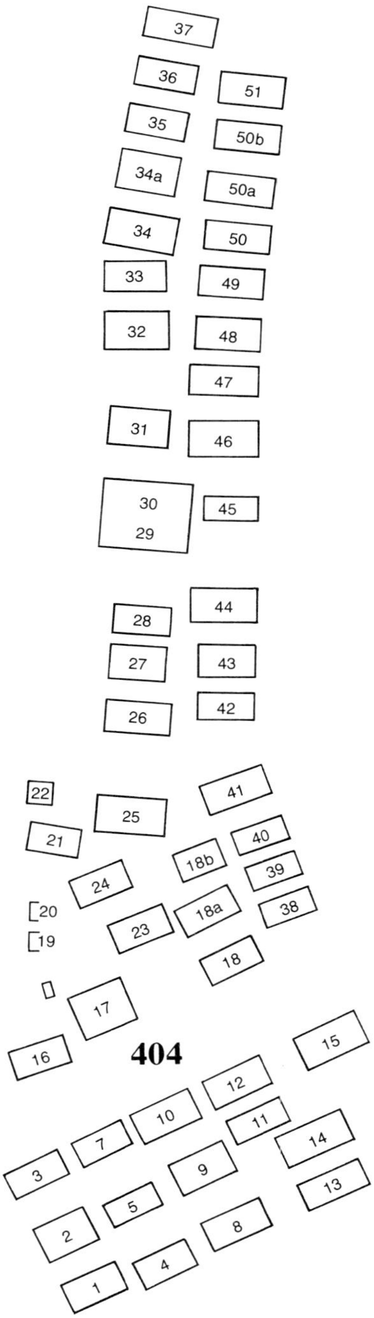
37
36
51
35
50b
34a
50a
34
50
33
49
32
48
47
31
46
30
29
45
44
28
27
43
26
42
22
25
41
21
40
18b
24
39
20
18a
38
23
19
18
17
404
16
15
12
10
7
11
3
14
9
5
13
2
8
4
1

Feld 405 (Namen der Grabinhaber)
(Konventgräber und Namen der Grabinhaber

1 Br. Thomas Hintereder
P. Johannes Kugler
2 Br. Maximus Hammer
3 Br. Modest Höfler
4 P. Ägydius Klimetschek
5 Br. Berthold Mayr
6 Br. Marzelin Prex
7 P. Johannes Wagner
8 P. Gregor Reitlechner
9 P. Kolumban Moltner
10 Br. Valentin Schmid
11 Br. Laurenz Kriegler
12 P. Raphael Baldi
13 P. Roman Fercher
14 P. Gebhard Scheibner
P. Maurus Schellhorn
15 Br. Philipp Thanner
P. Benedikt Probst
17a P. Winfried Repper
17 Neusser Eva
18 Palffy Gabriele, Gräfin
19 Ridler Gertrude
20 P. Paulus Grünwald
21 P. Willibrord Ballmann
22 P. Adalbero Raffelsberger
23 P. Gregor Seethaler
24 P. Gebhard Eisterer
24a P. Bruno Spitzl
25 P. Gabriel Winter
26b P. Edmund Neissl
26 P. Richard Kreuzpointner
26a P. Alois Mager
27a Br. Markus Seethaler
27 P. Vital Jäger
28 Br. Benno Bergmüller
29 P. Plazidus Graziadei
30 P. Corbinian Jungwirth
31a P. Alfred Mayer
31 P. Amand Bentze
32 P. Josef Straßer
33a Br. Georg Burgmeier
33b P. Maximilian Mühlbacher
34a Denkmalgeschützt
35 Reverteràsche Verwaltung
35a Br. Romuald Ennser
35b Br. Andreas Bergmayr
36 P. Thiemo Bichlbauer
36a Br. Hilarion Mödlhammer
36b P. Hildebrand Mayer
36c P. Emmeram Reschreiter
37 Hechenblaickner Heinrich, Dr.
38 Denkmalgeschützt, namenlos
39 Schwaighofer, P. Hartwik
40a Denkmalgeschützt
40 Rupprechter Paula
40b Tiefenbacher Andreas, Dr.
41 Denkmalgeschützt
41a Lamprecht Karl
42 Schwarzenberger Luise
43 Denkmalgeschützt
44 Schüch Stephanie
45 Mösenbacher Walter
46 Schumann Elfriede
47 Kloo Herta
48 Denkmalgeschützt
49 Denkmalgeschützt
50 Novotny Gisela
51 Denkmalgeschützt
52 Wagner Elisabeth
52a Stuchetz Hans
52b Cattana Elke
53 Hinrainer Ernst, Prof.
54 Hradetzky Gertrude
55
56 Becvar Josef, Dipl.-Ing.
57 Preussner Hilde
58 Hantsch Marianne
59 Denkmalgeschützt
60 Denkmalgeschützt
61 Denkmalgeschützt
62 Denkmalgeschützt
63 Krieg Hans
64 Petsche Katharina
65 Denkmalgeschützt

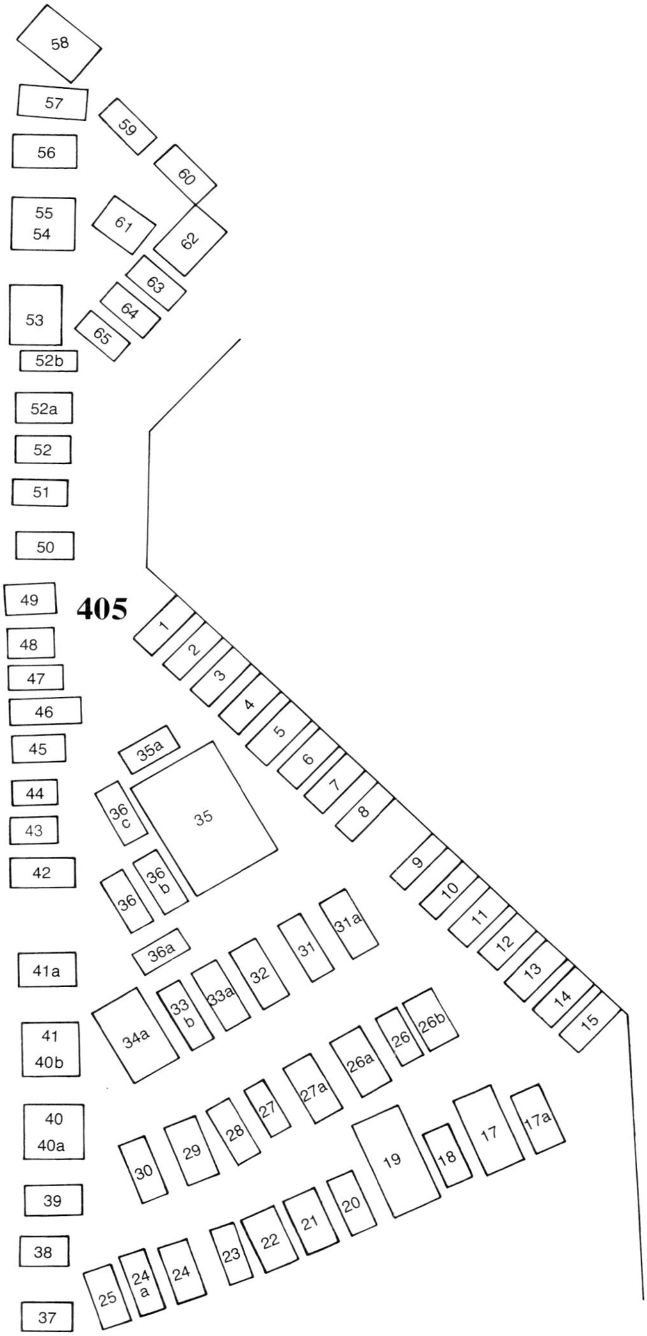
405
58
57
59
56
60
55
54
61
62
63
64
65
53
52b
52a
52
51
50
49
48
47
46
45
44
43
42
41a
41
40b
40
40a
39
38
37
1
2
3
4
5
6
7
8
9
10
11
12
13
14
15
35a
35
36
c
36
b
36
36a
31a
31
32
33a
33
b
34a
26b
26
26a
27a
27
28
29
30
17a
17
18
19
20
21
22
23
24
24
a
25

Feld 406 (Namen der Grabinhaber)

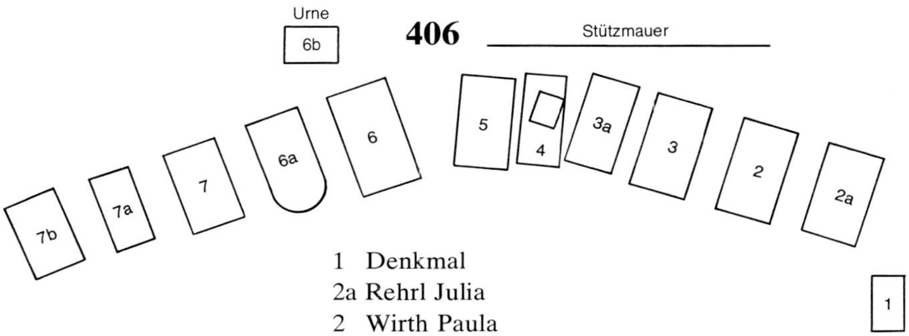

1 Denkmal
2a Rehrl Julia
2 Wirth Paula
3 Weskamp Vera
3a Kiel Barbara
4 Denkmalgeschützt, namenlos
5 Ramsauer Josef
6 Niklas Margarethe
6a Mößler Reinhold
6b Politzer Heinz, Dr.
7a Denkmalgeschützt
7b Denkmalgeschützt
7 Wurzinger Irma
10 Kupelwieser Auguste, Dr. (siehe Feld 403)

Register der Grabinhaber (Felder 400–406)

Name	Feld Nr.:	Grab Nr.:	Name	Feld Nr.:	Grab Nr.:
Aichlburg – Rumersk.	404	15	Denkmalgeschützt	400	1
Aigner Erich	401	4a		400	2
Angelberger Maria	403	35		400	4
Aschauer Franz	403	3		400	6
Azet Rudolf	402	6a		400	9
				400	11
				400	13
Bach Georg	402	36		401	2
Barocka Egon, DDr.	403	10		401	10
Bartelt Josef	402	60a		401	11
Bauer Karoline (Hell)	402	16b		401	17a
Becker Paul	403	15		401	19a
Becvar Josef	405	56		401	25
Benesch Ilse	401	6		402	2
Bernau Ilse	404	24		402	3
Bernegger Josef	402	44		402	4
Bittner Franz	404	9		402	5
Blechinger Edmund	403	36a		402	6
Bober Cäcilia	403	39		402	7
Brumm Franz	401	21		402	8
Brunner Anni	401	7		402	9
				402	10
				402	12
Cattana Elke	405	52b		402	14
Christof Harald	402	72		402	16c
Collins Irene	403	6		402	17
Cremer Maria Luise	403	19		402	18a
				402	20
				402	21
Danner Maria	401	19		402	22
Dobner Maria	403	17		402	23
Domanig Erwin	404	25		402	48
Doringer Martha	401	1		402	50
Dorn Conrad	402	73		402	58
Dorn Walter	404	18		402	59
Dworak Willi	403	28a		402	59a
Dworzak Egon	403	37		402	74

Name	Feld Nr.:	Grab Nr.:	Name	Feld Nr.:	Grab Nr.:
Denkmalgeschützt	402	90	Denkmalgeschützt	405	62
	403	5		405	65
	403	5a		406	4
	403	8		406	7a
	403	11		406	7b
	403	16			
	403	18			
	403	20	Eberle Johann	403	7
	403	22	Eberle Josef	403	23
	403	25a	Ebner Alexander	402	19
	403	28	Eder Georg	404	1
	403	33	Ehrenbrandtner Anna	402	16a
	403	58	Eibenschütz Karl	402	15a
	404	2	Endlicher Margarethe	403	45
	404	4	Erbschwendtner Martin	404	51
	404	6	Erlach Paula	402	54
	404	7	Esten Emilie	403	12
	404	16			
	404	18b			
	404	19	Fendt Berta	403	Gruft I
	404	20			
	404	21			
	404	22	Gallenbacher H.	402	30
	404	27	Gann Josef	403	52
	404	28	Gehmacher Maria	402	80
	404	39	Geiger Josef	402	47
	404	40	Gerlich Helmut	402	75
	404	45	Goisauf G.	403	28c
	405	34a	Grasmayr Gertraud	402	12a
	405	38	Grell Ferdinand	400	8
	405	40a	Gröger Ulla	402	78
	405	41	Gruber Friedrich	402	26a
	405	43	Guggenberg Maria	404	17
	405	44	Gschwandtner Josef	404	43
	405	48			
	405	49			
	405	51	Hauser Anna	403	56
	405	59	Hager Notburga	401	23
	405	60	Hallwirth Franz	403	36
	405	61	Hanifle Rudolf	402	52

Name	Feld Nr.:	Grab Nr.:	Name	Feld Nr.:	Grab Nr.:
Hantsch Marianne	405	58	Kolböck Betty	402	86a
Harta Margareta	403	44	Kollersbeck Benno	403	27
Haslinger Michael	403	21	Kollreider Franz	402	57
Haupoltner Hermann	402	76, 77	Kramer Hedwig	401	5
Haupoltner Maria	402	24, 25	Kratschmann Pauline	400	7
Hechenbleickner Heinr.	405	37	Krieg Franz	403	40
Heiduschka Walter	401	22a	Krieg Hans	405	63
Hennermann Rudolf	403	48	Küenburg Normann	403	38a
Heuer Hans	401	9			38b
Hilmers Edith	401	24a	Kumpfmüller Romana	401	18
Hintner Hans	401	4	Kupelwieser Auguste	406	10
Hinrainer Ernst	405	53	Kurzböck Marianne	404	36
Himmler Franziska	404	29, 30			
Hitzenberg Armin	401	24			
Hofer Franz	402	32	Lamprecht Karl	405	41a
Hofmann Johanna	404	50b	Langwieder Christa	401	8
Hofstädter Josef	404	8	Lechner Hans	401	2
Höllinger Franziska	401	21a	Lechner Herbert	404	13
Holzbauer Anna	403	26	Lehner Erika	402	84
Hörburger Wilfriede	401	22	Leib Ferdinand	403	4
Hradetzky Gertrude	405	54, 55	Leisner Herta	402	49
Huber Helmut	402	67	Leitinger Luise	404	26
Hummelbrunner Lina	403	50, 51	Lemberger Franz	404	31
Hykysch Michaela	402	11	Lerch Marianne	402	70
			Lindenthaler Andreas	402	15
			Linhuber Anna	403	42
Jenicek Erna	402	87	Lonsing Leopoldine	402	81
Jenner Dorothea	402	26			
Jordis Hans	401	3			
			Madelsperger Blanca	404	50a
			Manhartsgruber Franziska	402	85
Kalliany Maria	402	29	Markl Erwin	404	44
Kapsreiter August	402	75a	Martin Arno	402	16
Kiel Barbara	406	3a	Martinowsky Anni	404	46
Klaffenböck Erich	400	14	Mayer Karl	400	12
Klebel Elisabeth	403	41	Meisinger Liselotte	404	49
Kloo Herta	405	47	Mertelseder Katharina	403	21a
Köck-Stuck Elfriede	401	14	Mösenbacher Walter	405	45
Kodric Camillo	402	14b	Mößler Reinhold	406	6a
Kofler Doris	402	38	Moßhammer Paula	402	53

Name	Feld Nr.:	Grab Nr.:	Name	Feld Nr.:	Grab Nr.:
Mühringer Franziska	404	38	Premm Roman	403	1
Müller Hans	402	18	Preussner Hilde	405	57
			Prillinger Maria	402	56
			Probst Hilde	402	5a
Neuhardt Ida	403	29	Pucher Richard	402	45
Neuhold Hans	401	16			
Neumann Rudolf	404	5			
Neusser Eva	405	17	Raffel Maria	403	25
Niedetzky Hans	402	43	Ragginger Friedrich	401	15
Niklas Margarethe	406	6	Ramsauer Josef	406	5
Norbert Jean	402	66	Redtenbacher Maria	402	42
Normann Raoul	403	38	Rehrl Julia	406	2a
Novotny Gisela	405	50	Reveterasche Verwaltg.	405	35
Nützl Maria	402	61	Ridler Gertrude	405	19
			Riedl Margaretha	402	88
			Rieß Augusta	404	11
Oegg Rudolf	404	35	Rosenberger Herta	401	11a
Oelacher Anton	403	31	Rosenthal Marianne	402	5a
Opferkuch Heinz	403	Gruft	Rothschädl Hans	402	10a
		III	Rothschädl Hermi	402	10b
			Rücker Fritz	404	42
			Rupprechter Paula	405	40
Pagtisch Florian	403	28b	Ringhoffer Ferdinand	403	43
Pallfy Gabriele	405	18			
Paulowitz Gertraud	404	48			
Paulowitz Hans	402	19a	Salentinig Irene	404	18a
Paula Gertrude	403	49	Salzlechner Hermann	402	31
Paumgartner Bernhard	402	13	Salzmann Theodor	403	46
Pelikan Juliane	403	13			
Petsche Katharina	405	64			
Petzold Georg	402	34	Schatz Oskar	402	37
Pechlaner Anna	404	14	Scheffenacker Josef	404	23
Porstendorfer Erika	404	17a	Scherer Maria	402	14a
Peyrebere de Guilloutet	402	56a	Schiessel Otti	404	37
Pflauder Ludmilla	403	57	Schlager Anna	403	14
Pfeiffer Doris	401	17	Schlegel Theresia	402	62
Pießlinger Maria	404	12	Schließleder Ilse	404	3
Pittioni Alois	402	40	Schmelz Arthur	403	32
Planer Franziska	402	83	Schmid Hilde	402	41
Politzer Heinz	406	6b	Schmidt Maria	401	1a

Name	Feld Nr.:	Grab Nr.:
Schmidt Margarethe	402	35
Schmidbauer Alois	404	32
Schmitzberger Georg	400	10a
Scholz Gerhard	400	5
Schreder Anneliese	403	55
Schrems Karl	402	86
Schröck Berta	401	19a
Schumann Elfriede	405	46
Schüch Stephanie	405	44
Schuster Franziska	403	47
Schwaighofer Johanna	402	71
Schwaighofer P. Hartwig	405	39
Schwarzenberger Luise	405	42
Schweinbach Frieda	403	Gruft II
Sedlacek Gerlinde	401	20
Sekyra Elisabeth	402	89
Sending Paula	402	64
Silber Hilde	402	1
Sinnhofer Elisabeth	402	12a
Sommerauer Hans	402	28
Sulzer Josefine	401	17a
Swoboda Ursula	404	50
Stadler Franz	402	51
Stadler Franz	402	55
Stadler Franz	402	79a
Stemberger Günther	402	51a
Stöggl Gertrude	402	65
Stöggl Gertrude	402	69
Stöllinger Maria	403	54
Straniak Hans	404	10
Straßer Erich	402	39
Stuchetz Hans	405	52a
St. Peter	400	10
Thanner Maria	402	82
Tiefenbacher Andreas	405	40b
Tomaselli Karl	402	60
Veichtlbauer Rosa	404	47
Wagner Elisabeth	405	52
Waldenberger Hans	404	34a
Wegmayr Maria	403	9, 9a
Weidinger Robert	403	30
Werner Anna	402	63
Wesenauer Antonia	401	12
Weiser Josef	403	48a
Weissengruber Theresia	404	33
Weskamp Vera	406	3
Wimmer Magda	401	13
Winkler Grete	401	26
Winkler Johann	402	27
Wirth Paula	406	2
Wipler Maria	404	41
Wladar Gertrude	402	46
Wolf Norbert	402	79
Wurzinger Irma	406	7
Wojtek Poldi	402	19b
Zawotzky Ernestine	403	53
Zehetner Maria	403	24
Zulehner Sepp	402	68
Zunzer Franziska	403	34
Zöchbauer Karin	404	34

Beisetzungen von 1930 bis 1980

Name	Feld Nr.:	Grab Nr.:	Name	Feld Nr.:	Grab Nr.:
Aberer Franz, Dr.	403	25	Brandstätter Elisabeth	402	14a
Aberer Maria	403	25	Brandstätter Stefan	402	14a
Aichelburg-Rumerskirch			Brückl Merve, Dr.	406	6
Alfred	404	15	Büchlmann Eduard, Dr.	402	80
Aichelburg-Rumerskirch			Büchlmann Elisabeth	402	80
Anna	404	15	Burgmeier Georg		
Aigner Gustav, Dr.	401	4a	(Bruder)	405	33
Aigner Maria	401	4a			
Angelberger Franz, Dr.	403	35			
Angelberger Josef	403	35	Carnier Franz Josef	401	22a
Aschauer Franz	403	3	Carnier Juliane	401	22a
Attorner Adelheid	402	11	Collins Harry John	403	6
Bach Georg	402	36	Daghofer Fritz	402	89
Bach Pauline	402	36	Daghofer Helene	402	89
Baldi Raphael (Pater)	405	12	Daghofer Josef	402	86a
Ballmann Willibrord			Daghofer Lisbeth	402	86
(Pater)	405	21	Danner Manfred, Dr.	401	19
Bartelt Isabella	402	60a	Dobner Anton	403	17
Bartelt Josef	402	60a	Dolschek Rosa	404	26
Bartelt Louise	402	60a	Domanig Karl Maria	404	25
Bartelt Luise	402	60a	Domanig Maria, Dr.	404	25
Becker Antonia	403	15	Domanig Maria	404	25
Bentze Amadeus (Pater)	405	31	Domanig Paula	404	25
Berger Karl Bruno	401	14	Dorn Barbara	404	18
Berger Katharina	401	14	Dworak Marietta	403	28
Bergmayr Andreas			Dworzak Rudolf	403	37
(Bruder)	405	35	Dworzak Stefanie	403	37
Bergmüller Benno					
(Bruder)	405	29			
Bernau Friedrich	404	24	Eberle Edith	403	7
Bertl Markus	404	34	Eberle Josef, Dr.	403	7
Bichlbauer Thiemo			Ebner Franz	402	19
(Pater)	405	36	Ebner Maria	402	19
Biewald Friedrich	402	26	Eder Carolina	404	1
Blechinger Edmund	403	36	Eder Georg	404	1
Blechinger Emilie	403	36	Ehmer Karoline	402	12a

Name	Feld Nr.:	Grab Nr.:	Name	Feld Nr.:	Grab Nr.:
Ehrenbrandtner Karl	402	17	Glück Franz	400	3
Ehrenbrandtner Paula	402	17	Gottsmann Hilda	404	17
Ehrenbranthner Karl	402	16	Gottsmann Josef, Dr.	404	17a
Eibenschütz-Keplinger			Graziadei Plazidus (Pater)	405	29
Theodora	402	15a	Grell Maria	400	8
Eisterer Gebhard (Pater)	405	24	Gröber Alfred	404	41
Elbertshagen Elisabeth	403	24	Gröber Katharina	404	41
Ennser Romuald (Bruder)	405	35	Gröger Alois, Dr.	402	78
Eppinger Theresia	405	63	Gröger Alois	402	78
Erbschwendtner Gertrude	404	51	Gröger Angela	402	78
Erlach Hans	402	54	Gröger Natalie	402	78
Esders-Cremer Luise	403	19	Gruber Franz	402	26a
Esders Maria	403	19	Gruber Rosalie	402	26a
Esslinger Ernst	400	14	Grünwald Paulus (Pater)	405	20
Esslinger Maria	400	14	Guggenberg Maria	404	17
Fercher Roman (Pater)	405	13	Hager Josef	401	23
Finstermann Johann	402	67	Hallwirth Rosa	403	36
Finstermann Katharina	402	67	Hammer Maximus		
Folliot de Crenneville			(Bruder)	405	2
Hermine	404	8	Hanifle Maria	402	52
Foltis Henriette	403	43	Hanifle Rudolf, Dr.	402	52
Fuchs Rosa	405	47	Hantsch Bruno	405	52a
Funder Emil	403	12	Harta Elisabeth	403	44
Funder Maria	403	12	Harta Felix	403	44
Funke Berta	401	24	Harta Margarete	403	44
			Haslinger Olga	403	21
			Hau Antonia	401	15
Gabernigg Ludmilla	400	12	Hau Karl	401	15
Gaisberger Gertrude	405	54	Haupolter Hubert, Dr.	402	25
Gallenbacher Anton	402	30	Haupolter Josefine	402	77
Gallenbacher Pauline	402	30	Haupolter Walter, Dr.	402	77
Gerlich Hermann, Dr.	402	75	Hauser Alois	403	56
Gerlich Irene	402	75	Hauser Cäcilie	403	56
Geiger Katharina	402	47	Hauser-Ladstätter Anna	403	56
Glaser Irmtraud	401	6	Heckenblaickner Kath.	405	37
Glaser Leopoldine	401	6	Hell Lina	402	16
Glaser Rudolf	401	6	Hell Martin, Dr.	402	16b
Glück Elisabeth	400	3	Helminger Anna	405	52b

Name	Feld Nr.:	Grab Nr.:	Name	Feld Nr.:	Grab Nr.:
Helminger Elisabeth	405	52b	Jungwirth Walter, Dr.	402	43
Helminger Matthäus	405	52	Jordis-Lohausen Margar.	401	3
Hennermann Rosina	403	48			
Hennermann Rudolf	403	48			
Heinisch Rudolf	404	9	Kainz Franziska	406	3a
Heuer Julius	401	9	Kainz Leopold	406	2
Heuer Katharina	401	9	Kainzner Ernst	401	1
Hildmann Maria	401	26	Kainzner Monika	401	1
Hildmann Richard, Ing.	401	26	Kaiser Stefanie	402	46
Himmler Adolf	404	29–30	Kalliany Emanuel	402	29
Hintereder Thomas			Kalliany Maria	402	29
(Bruder)	405	1	Kaltenegger Franziska	405	2
Hinter Elsa	401	4	Kautzky Rupert	401	16
Hintner Johann	401	4	Kautzky Rosa	401	16
Hofer Anna	402	32	Kemptner Emma	403	40
Hofer Franz	402	32	Kern Johanna	400	5
Hoffmann Berta	403	26	Kern Leopold	400	5
Höfler Modestus (Bruder)	405	3	Kern Maria	400	5
Hofstädter Annemarie	404	8	Kitzberger Maria	401	18
Höllinger Anna	401	21a	Kitzberger Mathias	401	18
Höllinger Josef	401	21a	Klaffenböck Anna	400	14
Holzbauer Anna	403	26	Klaffenböck Franz	400	14
Holzbauer Otto	403	26	Klampfer Josef	402	40
Hörburger Elsa	401	22	Klampfer Maria	402	40
Hörburger Franz, Dr.	401	22	Klebel Ernst, Dr.	403	55
Hörburger Maria	401	22	Klimetschek Ägyd (Pater)	405	4
Huber Aloisia	405	52	Kloo Friedrich	405	47
Huber Heinrich	405	52a	Kodric Matthias	402	14a
Hummelbrunner Kath.	403	51	Kodric Michael	402	14
Hummelbrunner Alois	403	50	Kodric Stefan	402	14b
Hummelbrunner Alois	403	50–51	Kofler Hans, Dr.	402	38
Hummelbrunner Anita	403	50–51	Kofler Michael	402	38
Hummelbrunner Richard	403	50–51	Kollersbeck Luise	403	27
Hutter Anton	402	81	Kollersbeck Michael	403	27
			Kossak Elisabeth	403	27
			Kossak Franz	403	27
Jäger Vital (Pater)	405	27	Kramer Josef	401	5
Jungwirth Corbinian			Kreuzpointner Richard		
(Pater)	405	30	(Pater)	405	26
Jungwirth Ernst, Prof.	402	43	Krieg Hans	405	63

Name	Feld Nr.:	Grab Nr.:	Name	Feld Nr.:	Grab Nr.:
Krieg Mathilde	403	40	Mager Alois (Pater)	405	26a
Kriegler Laurentius			Mair Paula	402	54
(Bruder)	405	11	Manhartsgruber Karl	402	85
Krois Anton	402	85	Markl Ida	404	44
Krois Karoline	402	83	Markl Karl	404	44
Küenburg Eleonora	403	38	Martin Franz, Dr.	402	16
Küenburg Georg	403	38a	Martin Josefine	402	16
Kugler Johannes (Pater)	405	1	Martin Wolfgang	402	16
Kumpfmiller Moritz, Dr.	401	18	Martinowsky Erwin	404	46
Kurzwernhart Hildegard	403	53	Mayer Alfred (Pater)	405	26a
Kurzwernhart Luise	403	53	Mayer Berthold (Bruder)	405	5
Kurzwernhart Karl	403	53	Mayer Hildebrand (Pater)	405	36
			Mayer Juliane	400	12
			Mayer Karl	400	12
Lackner Barbara	402	86a	Mayrhofer Georg	402	87
Lackner Paula	402	86a	Mayrhofer Viktoria	402	87
Langwieder Elisabeth	401	8	Mayrwieser Anna	401	7
Lankmayr Irene	402	44	Mayrwieser Rudolf	401	7
Lankmayr Margarethe	402	44	Medl Elisabeth	403	39
Lanzinger Georg	400	10	Meitner Karl	402	12a
Lechner Ernst	404	13	Meitner Maria	402	12a
Lehner Erich, Dr.	402	84	Mertlseder Georg	403	21a
Lehner Theresia	402	84	Mertlseder Katharina	403	21a
Leib Ferdinand	403	4	Mitrovic Dora	401	8
Leib Michael	403	4	Mitrovic Milena	401	8
Leiler Anna	402	72	Mödlhammer Hilarion		
Leisner Rudolf	402	49	(Bruder)	405	36
Leitinger Robert, Dr.	404	26	Moltner Columbanus		
Leitl Leopoldine	401	6	(Pater)	405	9
Leitl Ludwig	401	6	Mößler Olga	406	6
Lemberger Franz	404	31	Mosshammer Martin	402	53
Lemberger Franziska	404	31	Mösl Josef	400	10
Linhuber Anna	403	42	Moyses Maria Theresia	402	26
Ludvik Anna Maria	400	8	Mühlbacher Maximilian		
			(Pater)	405	33a
			Mühringer Franziska	404	38
Mackner Cäcilia	404	46	Mühringer Georg	404	38
Mackner Franz	404	46	Müller Maria	402	18
Madelsperger Blanca	404	50a	Müller Marianne	402	18
Madelsperger Paul, Dr.	404	50a	Müller Wilhelm	402	18

Name	Feld Nr.:	Grab Nr.:
Natter Ludmilla	403	25
Naumann Auguste	404	5
Neissl Edmund (Pater)	405	26
Neuhardt Johann, Dr.	403	29
Niklas Alois	406	6
Norbert Karl	402	66
Norman Agnes v.	403	38
Norman-Audenhove Jolan	403	38
Norman Guido	403	38
Nowotny Ernst	405	50
Oegg Franz	404	35
Öllacher Anton	403	31
Öllacher Leopoldine	403	31
Pagitsch Elfriede	403	28
Paula Angela	403	49
Paula Emmerich	403	49
Paula Peter	403	49
Paulowitz Anna	402	19a
Paulowitz Ignaz	402	19
Pauly Vincenta, Anna	401	21
Paumgartner Bernhard, Dr.	402	13
Paumgartner Ingeborg	402	13
Pechlaner Ludwig	404	14
Peer Franziska	404	29–30
Peer Johann	404	29–30
Pelikan Juliane	403	13
Pelikan Karl	403	13
Petsche Otto	405	64
Petzold Wilhelmine	402	34
Peyrebere de Guilloutet, Emanuel	402	56a
Peyrebere de Guilloutet Jeanna	402	56a
Pflauder Anna	403	57

Name	Feld Nr.:	Grab Nr.:
Pflauder Berta	403	57
Pichler Felix	405	40
Pichler Theresia	405	40a
Piesslinger Franz	404	12
Piesslinger Maria	404	12
Planer Franz	402	83
Planer Michael	402	83
Politzer Heinz	406	6b
Posch Maria	400	10
Posch Martha	400	10a
Preussner Eberhard, Dr.	405	57
Prex Mazelinus (Bruder)	405	6
Prillinger Anna	402	56
Prillinger Ferdinand, Dr.	402	56
Probst Benedikt, Dr. (Pater)	405	15
Probst Nikolaus	402	5a
Puchner Ella	402	45
Puchner Erich	402	45
Puchner Richard	402	45
Pühringer Franziska	402	5a
Pühringer Josef	402	5a
Raffelsberger Adalbero, Dr. (Pater)	405	22
Ramsauer Elisabeth	406	5
Ramsauer Josef	406	5
Redtenbacher Franz	402	42
Redtenbacher Maria	402	42
Rehrl Franz	406	2a
Reischl Elisabeth	405	41a
Reischl Anton	405	41a
Reitlechner Gregor (Pater)	405	8
Repper Winfried, Dr. (Pater)	405	17
Reschreiter Emmeram (Pater)	405	36c
Revertera Anna, Gräfin	405	35

Name	Feld Nr.:	Grab Nr.:	Name	Feld Nr.:	Grab Nr.:
Ridler Franz	405	19	Schäffler Katharina	404	36
Ridler Rosa	405	19	Schatz Ewald	402	37
Riedl Alois	402	88	Schatz Helene	402	37
Riedl Margarethe	402	88	Schatz Oskar	402	37
Riermaier Georg	404	49	Scheiblberger Josef	404	33
Rieß Johann	404	11	Scheiblberger Theresia	404	33
Rieß Maria	404	11	Scheibner Gebhard		
Ringhoffer Aline v.	403	43	(Pater)	405	15
Rothschädl Johann	402	10a	Schellhorn M., Dr. (Pater)	405	14
Rothschädl Marianne	402	10	Scherer Katharina	402	82
Rothschädl Friedrich	402	10a	Scherer Felix	402	82
Rothschädl Elvira	402	10	Schindlauer Walpurga	405	39
Rücker Christoph	404	42	Schlager Franz	403	14
Rüling Maria	405	56	Schlager Maria	403	14
Rupprechter Anton, Dr.	405	40	Schlegel Richard	402	62
			Schleser Rosina	402	35
Salzlechner Franz	402	31	Schließleder Wilhelm, Dr.	404	3
Salzlechner Barbara	402	31	Schlosser Maria	404	18a
Salzlechner Hermann	402	31	Schmelz Maria	403	32
Scibor v. Rylsky Olga	404	24	Schmelz Sigmund	403	32
Sedlacek Alfred, Dr.	401	20	Schmid Katharina	402	41
Seethaler Markus			Schmid Wilhelm	402	41
(Bruder)	405	27a	Schmid Wilhelm, Dr.	402	41
Seethaler Ludwig (Pater)	405	23	Schmid Valentin (Bruder)	405	10
Seidl Eleonore	403	53	Schmidt Maria	401	1a
Sending Herta	402	64	Schmidt Anna	401	1a
Sending Alois	402	64	Schneiderhan Amalie	401	24a
Sending Paula	402	64	Scholz Alois	400	5
Silber August, Dr.	402	1	Scholz Leopoldine	400	5
Sinhuber Anna	403	42	Schragel Rudolfine	402	72
Sinhuber Ignaz Anton	403	42	Schreder Alfred	403	55
Sinnhofer Hans	402	12a	Schueller Maria	401	24
Sinnhofer Elisabeth	402	12a	Schüch Stephanie	405	44
Skala Karl Alois	404	50	Schulz Josef	402	75
Sommerauer Wolfgang	402	28	Schumann Hans	405	46
Spitzl Bruno (Pater)	405	24	Schürz Rosalia	403	9
Swoboda Friedrich	404	50	Schürz Alois, Dr.	403	9
Swoboda Maria	404	50	Schürz Alois	403	9
Sykora Rosa	405	56	Schürz Luise	403	9
Szente Gertrude	404	50	Schuster Georg	403	47

Name	Feld Nr.:	Grab Nr.:	Name	Feld Nr.:	Grab Nr.:
Schwarzenberger Ludwig	405	42	Uiberacker Maria Anne	405	18
Schwarzenberger Aloisia	405	42	Uiberacker Wolf Josef	405	18
Schweighofer Franz	402	71			
			Vager Rosalia	403	42
Stadler Anna	402	51	Veichtbauer Johannes	404	47
Staffen Rosa	406	6	Veichtbauer Maria	404	47
Stauder Magdalena	404	14	Vielweib Karl	404	48
Steffek Othmar	401	17	Vielweib Katharina	404	48
Steffek Maria	401	17	Vietoris Amalie	402	11
Steidl Amalia	402	29	Vietoris Amalie	404	11
Steinacher Matthäus	402	79a	Vietoris Hugo	402	11
Steinacher Anna	402	79a			
Stemberger Karl	402	51a			
Stindl Friedrich	403	30	Wagner Franz	404	37
Stindl Friedrich	404	29	Wagner Ottilie	404	37
Stindl Maria	404	29	Wagner Johannes (Pater)	405	7
Stöggl Rosa	402	69	Wagner Karl, Dr.	405	52
Stöggl Ignaz	402	69	Wagner Emma	405	52
Stöllinger Amalie	403	54	Wagner Otto, Dr.	405	52
Stöllinger Leonhard	403	54	Waldenberger Maria	404	34
Stöllinger Olaf, Dr.	403	54	Weber Josef	402	49
Straniak Hermann	404	10	Weber Maria	402	49
Straniak Victoria	404	10	Weidinger Josef	403	30
Strasser Josef (Pater)	405	32	Weidinger Maria	403	30
			Weis Barbara	402	65
			Weis Anton	402	65
Thanner Philipp (Bruder)	405	15	Weiser Josef	403	48a
Thanner Theodor	402	82	Weiser Rosalia	403	48a
Tick Anna	402	24	Weiser Josef	403	48a
Tomaselli Olga	402	60	Weiß Maria	402	63
Traub Robert	401	4	Weiß Julius	402	63
Traub Lina	401	4	Werner Franz	402	63
Tschallener Luise	402	70	Wesenauer Stefan	401	12
Tschallener Rudolf A.	402	70	Wesenauer Antonia	401	12
			Weskamp Olga	406	3
			Weskamp Alfred	406	3
Urban Albert	404	5	Wimmer Georg	401	13
Urkauf Friedericke	405	54/55	Winter Gabriel (Pater)	405	25
Urkauf Hermann	405	54/55	Wladar Erich, Dr.	402	46

Name	Feld Nr.:	Grab Nr.:	Name	Feld Nr.:	Grab Nr.:
Wojtek Josef	402	19b	Zawotzky Raimund	403	53
Wojtek Wilhelm, Ing.	402	19b	Zehetner Maria	403	24
Wojtek Leopoldine	402	19b	Zehetner Ferdinand	403	24
Wojtek Leopoldine	402	19	Zöchbauer Franz	404	34
Wolf Julie	402	79	Zöchbauer Franz, Dr.	404	34
Wolf Richard	402	79	Zöchbauer Maria	404	34
Wolf Walter	402	79	Zöchbauer Stephanie	404	34
Wolf Walter	402	78	Zulehner Elise	402	68
Würtinger Franz, Dr.	404	9	Zunzer Anna	403	34
Würtinger Berta	404	9	Zunzer Franz	403	34
Wurzinger Maria	406	7	Zunzer Klaus	403	34

Raum für Nachtragungen

Name	Feld Nr.:	Grab Nr.:	Name	Feld Nr.:	Grab Nr.:

Richard Hildmann
geb. 6. 2. 1882
gest. 4. 10. 1952
64. Ehrenbürger der Stadt Salzburg, seit 29. 7. 1949

Johann Nep. Kalser, Edler von Maasfeld, k. k. pens. Oberst,
gest. 11. 7. 1851, 73 Jahre, Lungenlähmung

den 13. 10. 1832, nachmittags 3 Uhr der Wohledelgeborene Herr Franz Schmidt von Ehrenberg, k. k. Oberst und Commandant des 59ten Linien-Infantrie-Regiments, Großherzog Baaden, 50 Jahre alt, gestorben den 11. 10. 1832 früh 7 Uhr, plötzlich an langwierigen Gichtleiden

Joseph Ringelsheim 1ter Major des k. k. Linien Infant. Reg. Großherzog Baaden, Ritter des Großherzog Baadischen Zähringer Löwen Ordens, geb. 1774, gest. 8. 9. 1823

den 11. 8. 1826 abends um 6 Uhr der Wohledelgeborene Herr Johann von Kürsinger, k. k. Oberlieutenant von Großherzog Baaden, welcher den 9. abends um 6 Uhr, 32 Jahre alt, an Nervenfieber verstarb (geb. 17. 1. 1794)

Bernhard Paumgartner
geb. 14. 11. 1887
gest. 27. 7. 1971
73. Ehrenbürger der Stadt Salzburg, seit 28. 1. 1963

den 23. 6. 1877 Amalia Korber, geb. Freiin v. Keller von Schleitheim geboren zu Waldshut, k. k. Bezirkshauptmanns-Gattin, geb. 6. 1. 1812, ehel. Tochter des Reichsfreiherrn Keller von Schleitheim (Freiburg im Breisgau)

Grabstein Julius Schilling (gest. 1870 in Wien).

Dieser Grabstein wurde vom Mozarteum an die Außenmauer der Kreuzkapelle überstellt.

Der wahre Anfang des Mozartdenkmals

(Amts-Blatt zur kaiserl. königl. privilegirten Salzburger-Zeitung.
Freitag, den 23. September 1842)

Am 10. August 1835 saßen im Garten des Birgelsteins der k. k. pensionirte Landesgerichts-Actuar Sigmund von Koflern, in dessen väterlichem Hause der junge Wolfgang Gottlieb Mozart oft des Abends eingeladen war, und der Schriftsetzer Julius Schilling beisammen, und plauderten über Salzburgs frühere Zeit, von der sich das Gespräch bald auf berühmte Männer und ihre Denkmäler wandte.

„Und auch wir hätten einen berühmten Mann in Salzburg, den ich noch als Knabe gut kannte, und dessen Name über die ganze Welt verbreitet ist; ihm gebührte wohl auch ein Denkmal, und wenn es auch nur ein einfacher Stein am Hause seiner Geburt wäre“, sagte der Erstere, worauf der Letztere schnell erwiederte:

„Das kann nur Mozart sein, und ich verspreche Ihnen, einen öffentlichen Aufruf zu erlassen, und nicht zu ruhen in der Anregung dieser Idee.“

Gerührt reichte der alte Herr dem Versprechenden die Hand, und zwei Tage darauf erschien in der „Salzburger Zeitung“ vom 12. August 1835 der von Schilling verfaßte Aufruf, fand überall warmen Anklang, ging in fast alle Blätter des In- und Auslandes über, und der Verfasser wies auch in der dritten und vierten Auflage des von ihm bearbeiteten Reise-Taschenbuches: „Die Stadt Salzburg und ihre Umgebung“ stets darauf zurück; außerdem verwendete sich der Buchhändler und Buchdrucker Fr. X. Duyle thätig dafür, und es war natürlich, daß die vielen durch jenen ersten Aufsatz ergangenen Aufforderungen und Zeitungs-Artikel endlich doch einen thätigen und echten Musiker aufwecken, und zur Bildung eines deßfallsigen Comitès führen mußten.

Der Herr Capellmeister Pott gab deßhalb, wie er selbst auf seinem Concert-Zettel vom 19. Juli 1836 sagt: „Um den vielen Aufforderungen vom In- und Auslande und den in öffentlichen Blättern enthaltenen Anregungen zu genügen“ am erst genannten Tage das erste Concert zu diesem schönen Zwecke, nachdem schon vorher der Verfasser des Aufrufs auch den ersten Beitrag dazu gegeben hatte.

Das Werk schritt, reich unterstützt von Nah' und Fern, rasch vor, und steht jetzt in ganzer Majestät auf dem schönen „Michaels“-, nun doch wohl auch „Mozart“-Platz –

Grabstein an der Kreuzkapelle

Julius Schilling
Schriftsetzer und Lokalhistoriker
gest. 1870 in Wien

Inschrift am Epitaph der Familie Stumpfögger

Es ruhet auch alda, Sebastian
Stumpfögger, Hochfürstl.
Salzburg-Hof Stainmetz und Maur
Maister auch Bürger alhier, so sein
zeitliches Lebens gepau verförttiget
und ausgepauet den Ao 17 Seines
Alters Jahr sambt seinen 4 Ehefrauen
Maria Gertraudt gebohrne Grueberin

Maria Sünhuberin Maria Clara
Hoferin seel. Anna Maria
Schallmoserin wie auf
Nebebstehenthen grab Creutzen
zusehen ist. Welchen allen sambt
denen Abgeleibten 2 Kündern.
Gott eine fröhliche Auferstehung
Verleichen wölle
Amen

Alßo bittet und wünschet der
Ehrngeachte Laurentius Stumpfeckher
Bürger und deß Hochwürdigen Thum
Kapitls alhier zu Salzburg :
Mauer-Maister, desßen Zergengliches
Lebens-gebeü eingefallen den
13. Sept. 1709 in 67 Jahr seines alters.
Sein Ehewürthin aber die Grueberin
gefüllet den 3. december 1708 in
67 Jar ihres alters Alda auch daß
Fundament ihres Ruehbeths gelegt,
Gott der allmechtige wölle deren
und allen Christglaubigen Seelen
genediglich verleichen die Ebige
Ruehe.

Epitaph der Familie Stumpfögger an der Mariazeller-Kapelle in St. Peter

Grabkreuze der Familie Stumpfögger

1 Lorenz Stumpfögger, Maurermeister, geb. 1642, gest. 13. 9. 1709, 67 Jahre alt
Maria Stumpfögger, geb. Grueberin, geb. 1641, gest. 3. 12. 1708, 67 Jahre alt
2 Maria Stumpföggerin, geb. Sünhuberin, gest. 16. 10. 1717
3 Clara Stumpföggerin, geb. Hoferin, gest. 14. 11. 1721
4 Anna Stumpföggerin, geb. Schallmoserin, gest. 1725
5 Anna Stumpföggerin, geb. Eggerin, gest. 9. 11. 1733
6 Sebastian Stumpfögger, Maurermeister und Steinmetz, gest. 14. 11. 1749
7 Maria Stumpföggerin, geb. Echingerin, gest. 1760

Erinnerungstafel an Paul Hofheimer
(Außenmauer der Kreuzkapelle)

Exhumierung des Tiroler Freiheitshelden Pater Joachim Haspinger

K. K. Landes
Präsidium
Salzburg

An das
hochwürdige Stift St. Peter
in Salzburg

Seine kk. apostolische Majestät haben laut allerhöchsten Handschreiben vom 26. v. M., um das Andenken des an der patriotischen Erhebung Tirols im Jahre 1809 mit hervorragenden Verdienste betheiligten Pater JOACHIM HASPINGER zu ehren, allergnädigst anzuordnen geruht, dass die Leiche des Genannten aus der bisherigen Grabstätte in Salzburg nach Innsbruck überführt, dort in der Hofkirche neben den Gebeinen des Andreas Hofer beigesetzt, und dass neben dem Monumente des Letzteren ein Denkstein für Haspinger aufgestellt werde. Die dießfälligen Kosten sind aus Staatsmitteln zu bedecken.
Um nun diesen allerhöchsten Auftrag ungesäumt zur Ausführung zu bringen, haben mich Sr. kk. Hoheit der Herr Statthalter für Tirol und Vorarlberg mit Präsidialschreiben vom 4. d. Mts ersucht, den Leichnam des P. Haspinger auf eine möglichst unauffällige Weise auszugraben, denselben in einem doppelten Sarge wohlverwahrt, ohne alles Gepränge und auf eine jedes Aufsehen vermeidende Weise mittels einer gedungenen zweispännigen Fuhr und mit Begleitung eines verlässlichen Mannes ehethunlichst dahin führen zu lassen, und es so einzurichten, daß die Leiche in Innsbruck Abends anlange.
Nachdem von dieser Allerh. Anordnung bereits der Herr Fürst-Erzbischof durch den Herren Minister des Inneren in die Kenntnis gesetzt ist, habe ich vorläufig die Anfertigung eines Sarges aus Zinkblech durch den Spenglermeister Graziadei, und eines zweiten Sarges aus Eichenholz durch den Tischlermeister Katholnigg veranlaßt, und dieselben angewiesen, diese beiden Särge zuverlässig bis Mittwoch den 10. d. M. Abends zu liefern, wonach Donnerstag vor Tagesanbruch die Ausgrabung der Leiche, die Einsargung und Verlöthung der Särge auf dem Friedhofe zu geschehen hat, und sogleich die Leiche unmittelbar auf den Wagen bringen zu können, die Donnerstag in aller früh nach Innsbruck überführt werden wird.
Ich ersuche nun auch das Hochwürdige Stift St. Peter die deshalb nöthigen Verfügungen treffen und wegen der Zeit und den Modalitäten der Ausgrabung der Leiche mit dem Herrn Landes-Medizinalrathe sich in das geeignete mündliche Einvernehmen setzen zu wollen, welcher mir das Verabredete mittheilen wird, damit ich darnach die weiteren Anordnungen einleiten kann.

Salzburg am 7. März 1858

gez.:
Der Landes-Präsident

Erinnerungstafel im Hof des Schloß Mirabell

P. Joachim Haspinger starb am 12. Jänner 1858
im Alter von 81 Jahren an Altersschwäche. Am 14. Jänner 1858 wurde er auf dem St.-Peter-Friedhof beigesetzt.

Sein letzter Wohnsitz war im Schloß Mirabell

Harry J. Collins
geb. 7. 12. 1895
gest. 8. 3. 1963
62. Ehrenbürger der Stadt Salzburg, seit 1. 2. 1946

Verzeichnis der um 1880 noch lesbaren Grabinschriften

(Namen teilweise nicht mehr vorhanden)

(Nach Manuskript Karl Ritter v. Glanz)

Name	Gestorben
Abersperger Wilhab	1534
Abersperger Veronica, geb. Hupfauerin	1554
Aichinger Grabstätte	
Aigner Anton	1876
Altems Josef	
Altin Euphrasina, geb. Guetratherin	1624
Amonesta Alexander	1862
Ampach Georgius	1832
Angelberger Bartholomäus	1871
Angelberger Walburga, geb. Eigenherr	1877
Angelberger Franz	
Angelberger Franziska	
Angelberger Anton	
Angelberger Walburga	
Angermayer Viktoria	1870
Anthoine Ignaz	1870
Apelt Carl	1861
Auer Barbara	1814
Auer Hieronimus	
Auer Aloisia, geb. v. Grimming	1867
Ausweger Johann	1855
Ausweger Johann	1862
Baltzer Grabstätte	
Bauer Grabstätte	
Baumanin Elisabeth	1634
Beinkofer Walburga	1848
Beitz Franz	1866
Bergamin Alois	1856
Berner Johann	1663
Bernercz Hanns	1605
Bernercz Christina	1611
Bernhold Gottlieb	1846
Bernhold Anna, geb. Hochmuth	1863
Bernhold August	1849
Bernhold Karoline	1861
Bernhold Gottlieb	1864

Name	Gestorben
Bentele Johann	1826
Blümmel Familie	
Bogdan-Sturm Elisabeth, geb. Thun Hohenstein	1867
Brandauer Johann	1836
Brandstätter Crescentia	1857
Brandstätter Theresia	1871
Brandstätter Heinrich	1855
Brandstätter Maria	1861
Brannhuber Grabstätte	
Braun Franz	1873
Braun Erna	1870
Braun Johann	1878
Breymann Anna	1844
Breymann Josef	1831
Breymann Theresia, geb. Brodmann	1850
Breymann Familie	
Briefer Sebastian	1596
Briefer Sabina, geb. Stellerin	1588
Brisigell Thomas	1637
Brueder Johann Baptist	1642
Brueder Mathias	1646
Brzorad Emanuela, geb. Tschapek	1875
Buchner Michael	1819
Bürgstein Maria	1872
Bourguon Generose	1856
Cammerlacher Maria Ursula	1632
Cappi Hanns	1884
Cappi Mathilde	1886
Cheuzel Hanns	1408
Cheuzel Frau	1414
Cheuzel Tochter	1416
Cheuzel Clara	1420
Cheuzel Barbara	1433
Cheuzel Paul	1434
Cheuzel Hanns	1448
Cheuzel Frau	1458
Chiari Helene	1861
Cohrer Martin	1721
Cohrer Helena, geb. Stockhammerin	1682

Name	Gestorben
Colius Friederike, geb. Revertera	1875
Czorick-Bogdan Sophie	1880
Dann Josef	1851
Deckert Franciska, geb. Krausmann	1875
Deckert Leopold	1878
Diether Sigfried	1551
Dietl Jakob	1830
Dietl Katharina, geb. Pöll	1840
Dietl Josefa, geb. Zangerl	1855
Dietl Theresia, geb. Kogler	1873
Dietl Maria, geb. Schmidhuber	1875
Dietl Stanislaus	
Dietl Babette	
Dietz Hannß	1688
Döderer Elise, geb. Friesenegger	1875
Döderer Anton	1872
Döderer Johann	1872
Doppler Franz	1844
Döttl Rosalia, Familie	
Dozler Josef	
Düker Maria, geb. Christalnigg	1847
Dückher Johann	1822
Dückher Karl	1870
Dückher Maria, geb. Haslau	1873
Dürnberg Grabstätte	
Dürr Christina	1681
Dürr Johann Georg	1688
Dürr Maria, geb. Grohser	1871
Dürrlinger Josef	1867
Ebner Eva	1878
Eder Engelbert	1870
Eder Sebastian	1611
Eder Barbara, geb. Guetratherin	
Eder Leonharden	1603
Eggenrieder Familie	1704
Egger Anton	1855
Egger Appolina	1839

Name	Gestorben
Egger Anton	1835
Egger Appolina	1852
Eglauer Andre	1612
Eglauer Magdalena, geb. Sturmin	1614
Ehrenberger Johann	1849
Ehrgot Hans	1582
Ehrgot Chatarina	1571
Ehrgott Margarethe, geb. Priefferin	1622
Ehrgott Leonhard	1620
Ehringer Grabstätte	
Eisen Adam	1656
Eisl Theresia	1843
Eisl Kaspar	1847
Elsenhamer	1534
Elsenhamer Virgili	1563
Embacher Elisabeth	1841
Emminger Grabmal	
Enzinger Familie	
Erben Anna, geb. Brzorad	1865
Eschlauer	1841
Esterer Elise	
Esterer Josef	
Estlinger Aloisia	1868
Estlinger Johanna	1855
Estlinger Rosa	1877
Estlinger Bapt.	1819
Estlinger Marina	1843
Etzinger Anna	
Etzinger Simon	
Fabrizin Maria	1592
Falkhler Balthasar	1647
Fais Leonhard	1795
Fallbacher Grabstätte	
Feichtner Caspar	
Feichtner Catharina, geb. Pötlerin	1608
Felber Simon	1677
Feltzemann Christoph	1647
Feltzemann Anna, geb. Stellnerin	1663
Ferstl Johann	1825

Name	Gestorben
Feyertag Elisabeth, geb. Wisendin	1635
Feyertag Peter	1583
Flachenegger Josef	1874
Fichl Elise	1870
Fleihsner Katharina	1829
Fleihsner Katharina, geb. Weihs	1864
Flettinger Johann	1675
Fleksberger M. Z.	1873
Fleksberger Kunegunde	1890
Flögl Karl	1853
Fosse Maria	1680
Franciscis Maria	1813
Franciscis Josef	1820
Franciscis Anton	1871
Frankmann Steffan	1581
Frankmann Katharina, geb. Thumperg	1567
Fraislich Valentin	1598
Frennbeck Martha	1523
Fridl Elisabeth	1871
Fridl Mathias	1872
Friedl Theresia	1878
Fröhlich Johann	1871
Fuchs Grabstätte	
Fuchs Josef	1874
Fuchs Emma	1874
Funkl Sebastian	1514
Gärtner Caroline	1874
Gärtner Franz	1874
Gattermayer Franz	1874
Gattermayer Elise	1877
Gattermayer Marie	1871
Gayer Theresia	1851
Gehringer Grabstätte	
Geitzkofler	1590
Gille Andrä	1636
Gille Maria, geb. Sollingerin	1661
Glänzer Ignatz	1836
Glänzer Anna	1837
Glänzer Olga	1868

Name	Gestorben
Glänzer Maria, geb. Hohenegger	1872
Gollitsch Familie	
Gorian Eleonore, geb. Atzwanger	1832
Gorian Franz	1817
Gorian Wolfgang	1843
Gorian Magdalena, geb. Atzwanger	1862
Graben Ernst	1513
Graben Regina, geb. Reyspergerin	1517
Grabmeir Grabstelle	
Greindl Michael	1863
Greindl Agnes, geb. Mayer	1833
Greindl Elisabeth, geb. Stockinger	1852
Greperger Rosina	1565
Grien Partlme	1521
Grien Christina	1548
Grien Hanns	1562
Grien Anna, geb. Pflieglin	1548
Gries Anna, geb. Ferchl	1832
Gries Franz	1856
Griming Sophie, geb. Überacker	1567
Grimming Ernest	1818
Grimming Maria, geb. Mayrhofer	1829
Gruber Grabstätte	
Gruber Anna, geb. Dankmann	1877
Gruber Adam	1605
Gruber Maria, geb. Wibmerin	1606
Gruber Maria, geb. Guetraderin	1597
Gruber Christina	1862
Grueber Georgius	1660
Grünpruner Anna Maria, geb. Walchin	1692
Gscheider Johann	1877
Gscheider Mathias	1877
Gschwandtner Fani	1872
Gschwindin Ursula	1558
Guetraterin Elsa	1581
Gugenbichler Elisabeth	1855
Gugenbichler Anna, geb. Forcher	1871
Gugenbichler Andre	1874
Gugg Paulina	1833
Gugg Maria	1836
Gugg Franz	1836

Name	Gestorben
Gugg Maximilian	1837
Gugg Franz Xaver	1822
Gugg Franz Xaver	1856
Grueber Lucia, geb. Guetraderin	
Gugg Josefa, geb. Lürzer von Zehendthal	1867
Guschl Amand	1868
Haas Gregor	1798
Hackhel Caspar	1632
Hager Leopold	1862
Hager Elisabeth, geb. Zimmerebner	1868
Haimberger Jacob	1643
Haimberger Barbara, geb. Freidlin	1644
Haimberger Christoph	
Haimberger Sabine, geb. Vischerin	
Hainzenberger Christoph	1653
Haller Wilhelm	1873
Han Andre	1596
Han Barbara, geb. Reischlin	1588
Hansch Anton	1876
Haretsberger Familie	
Harhammerin Franziska	1807
Harting Mathias	1809
Harting Maria, geb. Kaserer	1825
Hartmann – Millsteiger Grabstätte	
Haslberger Josef	1816
Haslberger Theresia, geb. Reiffenstuhl	1827
Hassenfues Oswalt	
Hasslauer Georg	1869
Hauber Adam	1830
Hauk Maria	1876
Hauk Anna	
Hauschild Eberhard	1868
Hehenwarter Pauline, geb. Ruhsegger	1867
Heinzelmann Franz	1876
Heitzer Familie	
Heiwanger Josef	
Heiwanger Johann	
Helmreich Johann	1670
Helmreich Magdalena, geb. Eggerin	

Name	Gestorben
Helmreich Johann	1803
Helmreich Maria v. Moll	1802
Helmreich Raphael	1690
Helmreich Chatarina, geb. Stockhammerin	1712
Helmreichen Johanna	1866
Helmreichen Sigmund	1873
Herberstein	1850
Hermann Richard	1877
Herrisch Familie	
Herzenhaim Christoff	1520
Herzenhaim Hans	
Hietl Susanna	1854
Hintner Therese	1877
Hochbichler Franciscus	1825
Hochreiter Rudolf	1876
Höffler Anna	1868
Hofhaymer Paul	1573
Hohenegger Margarethe	1871
Holzegger Elsa	1835
Horner Johann	1876
Horner Leonhard	1868
Hörwarter Josef	1875
Huber Vitus	1877
Hubingerin Anna	1802
Hueber Ignatz	1811
Hueber Jakob	
Hueber Joh., Ignatz	1786
Humola Julius	1877
Igel Katharina	1595
Iglin Susanna, geb. Khreidenweissin	1598
Ingerl Adam	1723
Ingerl Salome, geb. Auerin	1727
Imhof Anselm	1865
Imhof Walburga, geb. Auer	1833
Irlinger Jakob	1864
Jägerstöhr Grabstätte	
Jagger Johann	1712

Name	Gestorben
Jagger Salome, geb. Grueberin	1686
Jagger Margaretha, geb. Khruegerin	1721
Jand, Maler	
Jura Constance, geb. Siepanek	1859
Kalhofer Ignatz	1866
Kalhofer Aloisia	1868
Kalser Johann	1851
Kaltenborn Pauline	1863
Kapeller Familie	
Karl Johanna, geb. Maffei	1871
Kaser Regina	1854
Kaserer Georg	1820
Kasseroller Familie	
Kastl Georg	1598
Kastl Barbara, geb. Enzelmannin	1567
Kastl Magdalena, geb. Buchnerin	1590
Kastl Catharinna, geb. Lachnerin	1615
Kernfelder Anna	1838
Kernfelder Gertraud	
Keuczl	1331
Keuczl	1431
Keuczl Peter	1463
Keuczl Katharina	1463
Keuczl Hanns	1522
Keuczl Hanns	1454
Keutschach Barbara, geb. von Haunsperg	1538
Keutschach Johann Ernst (letzter Nachkomme v. K.)	1773
Keutschach Maria Franziska, geb. v. Ostrawsky	1777
Kheitzel Alex	1508
Kheitzel Sigmund	1519
Khienburg Gandolph	1566
Khielseisen Michael	1600
Khielseisen Martha, geb. Högenbergerin	1603
Khielseisen Anna, geb. Khärerin	
Khlinghart Melchior	1645
Khlinghart Susanna, geb. Weißin	1651
Khopersferger Leonhart	1608
Khopfersferger Margarethe, geb. Prennerin	1608

Name	Gestorben
Khuenin Elisabeth	1600
Khurtzin Maria	1605
Kirchner Josef	1870
Kliener Peter	1861
Knoll Christina	1604
Koberger Grabstätte	
Kobler Loise	1877
Koch Sternfeld Johann Joseph	1825
Koch Sternfeld, geb. Salzmann	1837
Konhauser v. Sternfeld	1786
Kopp Achaz	
Kopp Barbara, geb. Kierin	1571
Kopp Margarethe, geb. Schnepergerin	1555
Korber Annelie	1877
Kormann Josef	1868
Kormann Carl	1868
Korn Franz	1862
Korn	1864
Korn Crecentia, geb. Burghart	1878
Korn Johann	1865
Kottinger H.	1875
Kottinger Magdalena, geb. Angermayer	1870
Kottinger Pauline	1866
Kracher Mathias	
Kracher Theresia	
Kraft v. Gruernpach	1507
Kräh Anne	1872
Krempl Anna	1876
Krieg Sebastian	1875
Kriner Peregrin	1871
Kriner Lucretia, geb. Jura	1877
Krötz Familie	
Kubena Simon	1864
Kuhenburg Hans	1628
Kuminger Johanna	1878
Kunnzinger Anna	
Kuntner Karl	1848
Kürsinger Johann	1826
Kurzrock Josefa	1820

Name	Gestorben
Laffert Pauline	1869
Laffert Albert	1869
Lammerin Margarethe	1620
Landrock Familie	
Langin Margarethe, geb. Hoferin	
Lankmayr Anton	1878
Larcher Anton	1868
Lech Elise, geb. Kroy	1876
Lechle Georg	1600
Lechle Catharina, geb. Schnelin	
Leib Georg	1856
Leib Walburga	1852
Leiten-Peckh Hans	1608
Leiten, geb. Benigna Lange Mandlin	1608
Leitinger Maria	1876
Lenz Josef	1849
Lenz Barbara, verw. Bentele	1861
Leonhart Familie	
Leopotingerin Rosina	1634
Lesniowska Franciska	1853
Levay Samuel	1871
Liederer Mathäus	1856
Liederer Johann	1863
Liederer Maria	1866
Littrow Eugenie	1856
Lindauer Grabstätte	
Lindauer Maria	1865
Lindauer Theresia	1870
Lindner Grabstätte	
Lodron Anton Graf	1615
Lorenzoni Peter	1782
Löschenberger Mathäus	1849
Löschenbrand Anton	1858
Lunger Sebastian	1615
Lunger Lucretia, geb. Ranacherin	
Lürzer Josefa, geb. Franciscis	1834
Lürzer v. Zehendthal Franz	1870
Lürzer Maria, geb. Spängler	1880
Lürzer Anna	1866
Lürzer v. Zehendthal Anselm	1792
Lürzer Anna, geb. Zichan	1812

Name	Gestorben
Lürzer Josepha	1821
Lützow Francisca	1836
Lützow Johann	1822
Lützow Franziska, geb. Haman	1865
Luz Chorvikar	1680
Mabon Barbara, geb. Peringerin	1616
Machl Anna, geb. Moser	1872
Maffei Carl	1850
Maffei Anastasia	1877
Magerl Wolfgang	1613
Maiburger Christof	1550
Maiburger Juliane, geb. Poglin	
Maier Wolfgang	1613
Maisl Paul	1878
Mairhauser Wolfgang	1635
Mannswein Khüenburg	1610
Margreiterin Elisabeth	1801
Merbeller Johanna, geb. Taschek	1870
Merbeller Maria	1863
Marroceti Leopold	1870
Matsperg Hanns	1514
Matsperg Magdalena	1517
Matsperg Hanns	1518
Matzberg Hanns	1503
Matzberg Katherina	1500
Maurer Karoline	1870
Maurer Johann	1867
Maurer Karoline	1875
Maurer Maria, geb. Greipel	1875
Mautzel Jacob	1342
Mayer Ignaz	1854
Mayer Aloisia	1867
Mayrwieser Josef	1846
Medl Joseph	1837
Meibom Eduard	1870
Meerkraut Wolfgang	
Meissner Katharina, geb. Moßlechner	1812
Meissner Valentin	1839
Meissner Maria	1830

Name	Gestorben
Meilechner Maria	1876
Miller Familie	
Modl Josefa	1865
Moltner Grabstätte	
Moltner Elisabeth, geb. Horner	1878
Mony Onophrios	1602
Moosleitner Sebastian	1517
Mösenbacher Carl	1890
Motelhamer Valentin	1547
Motelhamer Appolonia	
Motzel Eleonora, geb. Auer	1816
Moyses	1877
Moyses Anna	1855
Mühlbauer Grabstätte	
Mühlbergerin Margarethe	1605
Münch Carl	1873
Münich Hanns	1552
Münich Veronica, geb. Nusdorf	1530
Münich Regina, geb. Hoferin	
Muntigler Jorig	1515
Münzer Familie	
Nagenzaun Familie	
Nagl Maria	1848
Nesselthaler Andreas	1821
Neufang Josef	1867
Neumeyer u. Stigler Familie	
Neumüller Gottfried	1872
Niedermair Georg	1878
Nitsch Karl	1878
Nocker Thomas	1872
Nusdorfer Hansen	1598
Öberl Martin	1618
Öberl Barbara, geb. Möracksherin	1596
Öberl Rossina, geb. Meinling	
Oberlechner Dominikus	1821
Oberlechner Wolfgang	1829
Oberlechner Jakob	1873

Name	Gestorben
Obermayr Maria	1877
Obernhuber Grabstätte	
Oberörg'sche Grabstätte	
Öhlinger Carl	1876
Olkhofer Joannes	1603
Panhofer Carl	1877
Panicher Rueprecht	1463
Panicher Kathrei	1470
Pantzinger Erhardus	1542
Papprian Therese, geb. Auer	1878
Partenschlager Crysostomus	1687
Paumann Georg	
Paumann Elisabeth, geb. Wisend	
Peer Katharina	1874
Pegens Martin	
Pegens Katharina, geb. Lobenstainin	1554
Peitzkofler Hanns	1581
Perner Hans	
Perner Christine	
Perner Heinrich	
Pernin Sophi	1646
Perster Johann	1853
Petermandl Johann	1860
Petermandl, Gattin	1860
Pezolt Georg	1878
Pfliegl Rueprecht	1545
Pfurtzeller Josef	1857
Pfurtzeller Karolina	1869
Pichl Sigmund	
Pichl Antonia, geb. Staudach	
Pichl Salesia	
Pichl Paulina	
Pichl Eduard	
Pichler Grabstätte	
Pichler Franz	1874
Pichler Mich. Joh. Carl	
Pichler Rosa, geb. Lürzer von Zehendthal	
Pinzger Familie	
Plank Adam	1877

Name	Gestorben
Platz Leopold	1811
Platz Maria	1815
Pleyer Hans	1541
Pleyer Anna, geb. Klanerin	1536
Pleyer Joachim	1537
Polis Anton	1860
Poly Grabstätte	
Praczl Hanns	1465
Praczl Barbara, geb. Grimin	1476
Praczl Hans	1508
Pramberger Wolfen	1608
Pramfalkhem Barbara, geb. Moosham	
Prantstetters Hans	1435
Pratzl	
Premin Johanna Sophia, geb. Lenkherin	1646
Preuss Georg	1868
Preuss Elsa, geb. Weih	1868
Preuss Magdalena	1871
Preuss Anna, geb. Maier	1875
Priester Paul	1871
Priester Anna, geb. Rieder	1878
Primer Lienhart	1567
Pröz Adam	1782
Pröz Anna, geb. Frankenbergerin	1791
Pröz Franz	1780
Pruggmoser Philipp	1600
Prygler Hans	1482
Pustet Familie	
Randachin Catharina	1618
Ranzoni Emilie, geb. Hild	1852
Rauchenperger	
Rehbach Teresia, geb. Christalnigg	1849
Rehrl Grabstätte	
Reinhartshuber Johann	
Reischl Maria, geb. Sandrock	1872
Reitlechner Theresia	1875
Reitlechner Otto	1876
Rentleitner Christof	1612
Rensch Hans	1505

Name	Gestorben
Rensch Gattin	1518
Rettinger Dorothea, geb. Ehingerin	1547
Revertera Anna, geb. Hartmann	1881
Revertera Theodor	1877
Rieder Josef	1849
Rieder Anna	1839
Riedl Auguste	1878
Riedl Rudolf	1872
Riedl Johann	1870
Rihl Rosa	
Rihl Maria	
Rihl Magdalena	
Rihs Jakob	1780
Rihs Theresia, geb. Heuschoberin	1779
Rihs Maria	1821
Rihs Johann	1864
Ringelhardt Victoria, geb. Weyrauch	1849
Ringelsheim Joseph	1823
Rodig Anton	1852
Rohr Georg	1864
Rohr Elise	1866
Rojsl Mathias	1886
Rojsl Rosina	1843
Rojsl Maria	1852
Ronleitner Cristoff	1612
Ronleitner Magdalena, geb. Rosenstatterin	1613
Rösch Anna	1878
Rosenlacher Wilhal	1515
Rosner Babette	1853
Rotheneicher Crescentia	1877
Rotheneicher Josef	1878
Rotter Josefine	1870
Rottmaier Johann	1598
Russegger Grabstätte	
Russegger Maria	1877
Sailler Wolfgang	1611
Segl Grabstätte	
Serlinger Johannes	1511
Siegel Anna, geb. Wallner	1877

Name	Gestorben
Siegersreiterin Ursula	1566
Singer Grabstätte	
Sitter Wilhelmb	
Spängler Antonia	1849
Spängler Eduard	1883
Spängler Franz	1819
Spängler Maria, geb. Metzger	1814
Spängler Josef	1861
Spängler Maria, geb. Auer	1870
Spängler Franz	1862
Spängler Theresia, geb. Reichl	1864
Spängler Xaver	1852
Spängler Antonia, geb. Lürzer	1882
Spindler Dismas	1873
Spindler Anna, geb. Biebl	1863
Spindler Barbara	1856
Spindler Anton	
Spindler Wilhelmine	
Spindler Rosa	
Spindler Adelheid	
Susann Caroline	1882
Susann Margarete	1836
Schäflerin Anna	1542
Schalkhamer Theresia, geb. Hartmann	
Schallnkammer Bernhard	1831
Schallnkammer Maria, geb. Welnschnig	1811
Schankhopff Sewastian	1577
Scharinger Theresia, geb. Ott	1876
Schartl Moritz	1877
Schaupp Josefa, geb. Kammerlohr	1862
Scheibl Jakob	1657
Scheibl Christina	1659
Schenba Viktor	1858
Schenba Gustav	1850
Scherpf Anna	1876
Scherringer Michael	1517
Schiffer Magdalena, geb. Franciscis	1805
Schiffer Anna	1804
Schiffner Anton	

Name	Gestorben
Schilt Hanns	1520
Schilt Margaret	1507
Schitter Balthasar	1868
Schlegel Vincenz	1878
Schlöglhofer Anton	1862
Schlöglhofer Katharina, geb. Miller	1875
Schlühselbauer	1591
Schmidt Anton	1848
Schmidt Johann	1861
Schmidt Franz v. Ehrenberg	
Schmidt Maria, geb. Vitzthum	1870
Schmidtmaer Anna, geb. Charerin	1592
Schmiedlechner Karolina	1870
Schmitmayr Christovhen	1608
Schmitmayr Rosina, geb. Leopotigen	
Schmitzkhin Barbara, geb. Khuenburg	1625
Schneckh Albrecht	1641
Schneller Anton	1838
Schneller Valentin	1838
Schneller Elise	1867
Schonauer Familie	
Schönbauer Ernestine	1859
Schönauer Genovefa	1859
Schopfhauser Josefa	1871
Schörghof Peter	1849
Schörghof Kunigunde	1877
Schreilechner Anna	1871
Schrems Theresia	1877
Schrems Karoline	1874
Schrott Grabstätte	
Schupfer Franz	1866
Schussteter Thoman	1545
Schussteter Katharina, geb. Breitfues	1540
Schusterbauer Familie	
Schwarzenberger Gertraud, geb. Lobensomer	1873
Schwarzenberger Friedrich	1870
Schweiger Johann	1848
Schweiger Regina	1854
Schwend Friedrich	1841
Schwend Maria, geb. Schallnkammer	1864
Schwend Juliane	

Name	Gestorben
Schwend Maria	1864
Stainer Jorig	1598
Stainhauser Appolonia, geb. Altin	1627
Stainhauser Caspar	1558
Stainpartz Simon	1613
Staudinger Anna	1871
Staudinger Magdalena	1875
Steinberger Rosa, geb. Kogler	1875
Steinberger Rosa	1876
Stainhaur Wilhalm	1481
Steininger Franz	1878
Steininger Antonia, geb. Hospodsky	1861
Steininger Franz	1864
Stiegensteiner Mathias	1856
Stieglbauer Grabstätte	
Stöckbuchner Pauline	1861
Stockische Grabstätte	
Stöhr Carl	1873
Strochnerin Anna	1496
Stöttner Georgen	1610
Stöttner Regina, geb. Tranbingerin	1626
Straper Albert	1867
Stumpfögger Lorenz	1709
Stumpfögger Maria, geb. Grueberin	1708
Stumpföggerin Maria, geb. Sünhuberin	1717
Stumpföggerin Clara, geb. Hoferin	1721
Stumpföggerin Anna, geb. Schallmoserin	1725
Stumpföggerin Anna, geb. Eggerin	1733
Stumpfögger Sebastian	1749
Stumpföggerin Maria, geb. Echingerin	1760
Sturm Familie	
Stürm Joh. Rudolf	1651
Stürm Susanna, geb. Wiserin	1642
Tagger Johann	
Tanner Josef	1841
Tanner Oswald	1867
Tanner Agnes, geb. Nagl	1875
Tauscher Elise	1868
Tauscher Ignatz	1863

Name	Gestorben
Thalherr Maria, geb. Platz	1869
Thomas Anna, geb. Gerold	1869
Thomas Justus	1869
Tomaselli Antonia, geb. Honnigl	1846
Trapp Maximilian	1634
Trauner Johann	1806
Trauner Johann	1874
Tremml Familie	
Tuchtig Christof	1590
Tunckl Sebastian	1514
Überacker Antonia, geb. Christalnigg	1848
Uberacker Maria, geb. Rehling	1781
Überackher Ernnst	1486
Überäckher Hans	1572
Überackher Sebastian	1571
Überackher Virgily	1532
Überackher Virgily	1456
Überackher Kunegunde, geb. Aichpergerin	
Überackher Wolf	1646
Überackher Suhsanna, geb. Costnitz	1691
Überackher Wolfhart	1481
Überackher Barbara, geb. Seyberstorfferin	1458
Valtring Victor	1874
Vesco Adolf	1861
Vesco Johann	1875
Vischer Hans	1583
Vogl Hanns Bernhardt	1639
Voglin Elisabetha, geb. Tscherlin	1640
Voglin Sara, geb. Lechnerin	1635
Vohburger Franz	1874
Vohburger Josef	1878
Vorderegger Alois	1878
Vorderegger Leopold	1865
Vorderegger Rosina, geb. Heyhs	1855
Vorderegger Ernst	1852
Vorderegger Franzisk	1856

Name	Gestorben
Wachter Ferdinand	1871
Wachtl Georg	1836
Wackher Hanns	1602
Wackher Ellena, geb. Wassermanin	
Waginger Johann	1844
Waginger Johann	1859
Walch Ernst	1878
Walch Peter	1540
Waldherr Mathias	1820
Waldherr Anna	1832
Waldherr Anna	1827
Waldner Wolfgang	1518
Walther Benigna, geb. Götschlin	1604
Wannbauer Johann	1840
Wartbichler Rupert	1824
Wassowicz Peter	1598
Weber Hermann	1625
Weber Maria, geb. Pfenningerin	1611
Weber Sara, geb. Lechnerin	
Weibhauser Matthias	1861
Weis Gertraud, geb. Sapi	1793
Weis Andreas	1837
Weiss Sebastian	1632
Welber Christianum	1680
Werders Marcha	1492
Werndorffer Marthin	1542
Wesenauer Michael	1833
Widmann Sigmund	1834
Widmer Eustachius	1562
Widmer Anna, geb. Schokerin	1562
Winkhler Virgilius	1656
Winkhler Elsa, geb. Feyrtagin	1641
Winkhler Barbara, geb. Ertlin	
Winkler Domenikus	1847
Wisser Steffan	1507
Wisser Barbara	1508
Wolf Franz	1876
Wolf Stefan	1877
Wörz Anna, geb. Prinniger	1825
Wörz Martin	1842
Würmer Hanss	1606

Name	Gestorben
Würmer Veronika, geb. Wibmerin	
Würmer Sabina	
Würmer Anna	
Wunsch Ignatz	1857
Wydman Hans	1531
Wydman Anna	1539
Zachner Christof	1587
Zahlhaas Georg	1864
Zahlhaas Em., geb. Hibinger	
Zahlhaas Anna, geb. Dötz	
Zanbratsch Grab	
Zander Ernst	1872
Zangerl Anna, geb. Staller	1829
Zangerl Anton	1860
Zappler Augustin	1611
Zappler Sabine, geb. Kharnerin	1604
Zaunmüller Josef	1860
Zehendtner Johann Georg	1869
Zierer Theresia	1864
Zimmer Johann	
Zinnagel Karoline	1875
Zulehner Maria	1875

Übersicht über die am St.-Peter-Friedhof beigesetzten Persönlichkeiten aus Kunst und Kultur

Name	Gestorben
Ehrengräber der Stadtgemeinde Salzburg	
Sigmund Haffner, Wohltäter der Stadt Salzburg	1787
Mertens, Heinrich Ritter v., Bürgermeister	1872
Mayr Richard, Kammersänger	1935
Hildmann Richard, Dipl.-Ing., Vizebürgermeister	1952
Collins Harry-John, US-General	1963
Paumgartner Bernhard Dr., Präsident der Salzburger Festspiele	1971
Historiker	
Hell Martin, Dr. hc., Landesarcheologe	1975
Klein Herbert, Dr., Archivdirektor	1972
Martin Franz, Dr., Staatsarchivar	1950
Schlegel Richard, Dipl.-Ing., Landesplaner	1945
Universitätsprofessoren	
Adamer Peter, Dr.	1961
Dillersberger Josef, Dr.	1972
Klebl Ernst, Dr.	1961
Probst P. Benedikt, Dr.	1973
Schellhorn P. Maurus, DDr.	1973
Zöchbauer Franz, Dr., Univ.-Assistent	1975
Baumeister u. Architekten	
Gottsreidter Christoph	1626
Heiß Josef	1797
Karlstorfer Matthias	1823
Laschensky Georg	1797
Mayr Anton	1791
Solari Santino, Dombaumeister	1646
Stumpfegger Lorenz	1709
Stumpfegger Sebastian	1749
Kastner Rupert	1947
Puchner Richard	1965
Sperl Ferdinand	1979
Komponisten, Musiker u. Sänger	
Brunetti Anton, Hofmusik-Direktor	1786
Deibl Franz, Hofmusikus	1783
Eberlin Johann, Kapellmeister	1762
Flögel Carl, Dr.	1858

Name	Gestorben
Haydn Michael, Komponist	1806
Hofer Andreas, hochfürstlicher Kapellmeister	1684
Hofhaimer Paul, Komponist	1573
Kracker Matthias, Lehrer am Mozarteum	1858
Pinzger Joh. Georg	1862
Rainprechter Johann Nep., Kompositeur	1812
Seidl Ferdinand, Konzertmeister	1773
Gartner Johann, Musikprofessor	1959
Keldorfer Robert, Prof., Komponist	1980
Leisner Rudolf, Prof., Akademie Mozarteum	1961
Mayr Richard, Kammersänger	1935
Norbert Karl, Staatsopernsänger	1936
Paumgartner Bernhard, Dr., Präsident der Salzburger Festspiele	1971
Pflanzl Heinrich, Prof., Kammersänger	1978
Preussner Eberhard, Dr., Akademie Mozarteum	1964
Werner Maria, Solistin, Hofoper Dresden	1966
Dichter u. Schriftsteller	
Domanig Maria, Schriftstellerin	1979
Eberl Josef, Dr., Schriftsteller	1947
Kainzer Monika, Lyrikerin	1979
Pflanzl Otto, Heimatdichter	1943
Polizzer Heinz, Dr., Dichter	1978
Wesenauer Antonia, Heimatdichterin	1980
Bürgermeister	
Michael Wenger	1741
Johann Christian Paurnfeind	1768
Siegmund Haffner	1772
Ignaz Anton von Weiser	1785
Johann Peter Metzger	1795
Alois Sergetporer	1851
Heinrich Ritter von Mertens	1872
Hildmann Richard, Dipl.-Ing., Vizebürgermeister	1952
Bildhauer, Steinmetz	
Hitzl Johann Georg	1781
Hitzl Georg	1819
Hitzl Franz	1856
Högler Johann Nep.	1747
Lusime Christoph	1696
Obstall Bartlmä	1694

Name	Gestorben
Pernegger Hans	1662
Propst Johann	1824
Berger Karl Bruno	1958
Thorak Josef	1952
Wojtek Leopoldine	1978
Kunstmaler	
Bauer Silvester	1675
Enzinger Anton, Tiermaler	1768
Hofler Johann Wolfg.	1703
Jaud Josef	1864
König Franz Xaver	1782
Lederwasch Christoph	1706
Lorenzoni Peter-Anton	1782
Mölk Martin, Kupferstecher	1719
Nesselthaler Andreas	1821
Petzold Georg	1878
Pireth Joh. Friedrich	1722
Ramsperger Josef	1788
Harta Felix	1967
Janschek Valentin	1947
Schulz Josef	1973
Urban Albert	1967

Tabula 3. Interiorem aspectum Capellæ superioris exhibens.
N.° 1 Altare lapideum. 2. aliud altare, & iuxta Crucifix9 cancellis inclus9.
3 Lapis cum inscriptione Martyrij S. Maximi &c. 4. Fossa e rupe instar lectuli.
5. Janua ducens extra Capellam. 6. Scala interior intra montem, excauata.
7. Mur9 in quo os speluncæ, fenestræ & Janua uersus septen„
trionem. 8. excisa rupes & in ea Crucifix9.

GRÜFTE I–LIV

◁ „Katakomben – Maximuskapelle“, Kupferstich 1659 nach J. F. Pereth von Jakob de Lespier. Aus Mezger „Historia Salisburgensis“

Name	Gestorben
Elisabeth Freiin Bogdan von Sturmbruck, geb. Gräfin von Thun-Hohenstein	16. 5. 1867
Sophie Freifrau Csorich v. Monte Creto, geb. Freiin von Bogdan von Sturmbruck	16. 11. 1880
Krynicki Theresia	9. 4. 1942
Krynicki Alois	7. 3. 1945
Fendt Josef	4. 7. 1962
Fendt Berta	20. 11. 1980

Gruftinhaber:

26. 9. 1866	Verleihbrief und Bauerlaubnis an: Sophie Freifrau v. Csorich
27. 9. 1935	Alois Krynicki, Spirituosenerzeuger, durch Kauf
dzt.	Berta Fendt' Erben

Name	Gestorben
Söhnchen der Gräfin Herberstein	29. 10. 1850
Wolf Wilhelm Dr.	31. 7. 1939
Wolf Berta Dr.	31. 12. 1952

Gruftinhaber:

27. 7. 1853 Kauf und Ausbau durch Friedrich Graf Herberstein, K. K. Kämmerer
11. 8. 1939 Dr. Berta Wolf, Ministergattin
dzt. Dr. Frieda Schweinbach

Name	Gestorben
Guggenbichler Elisabeth	24. 9. 1855
Guggenbichler Anna	13. 2. 1871
Guggenbichler Andreas	24. 10. 1874
Moltner Anna	21. 8. 1897
Moltner Theresia	24. 6. 1900
Moltner Michael	5. 7. 1913
Opferkuch Hedwig	6. 2. 1900
Opferkuch Maria	22. 5. 1929
Opferkuch Franz Xaver	14. 10. 1952
Opferkuch Friederike	16. 8. 1973
Opferkuch Franz	12. 6. 1974

Gruftinhaber:

vor 1874	Andreas Guggenbichler
29. 12. 1931	Franz X. Opferkuch, Kaufmann
dzt.	Dr. Heinz Opferkuch

Name	Gestorben
Adam Sailer, Bürger	12. 8. 1604
seine Frau Barbara Aichhornerin	19. 5. 1564
seine zweite Frau Rosina Medlhammerin	13. 7. 1589
Melchior Fleckh, Hofmedicus	26. 9. 1596
Barbara Fleckhin, geb. Wenigin	23. 12. 1600
Johann Kasper von Böcken, Doktor beider Rechte	28. 5. 1733
seine Gattin Anna Maria Christina, geb. Mezgerin	5. 12. 1731
Johann Caspar Böcken, Chorregent	23. 3. 1757
Johann Haidenthaller, Färbermeister	15. 8. 1888
seine Gattin Johanna Josefa, geb. Reischmann	21. 1. 1883
Genovefa Haydenthaler	1889
Haidenthaller Anton	28. 2. 1936
Haidenthaller Franziska	10. 7. 1941
Haidenthaller Maria	19. 7. 1943
Haidenthaller Anton	29. 11. 1949
Haidenthaller Friedrich	29. 3. 1961

Tod eines Heiligen, Öl auf Kupfer, von Georg Siegl, 1829

Gruftinhaber:

1803	Heimfall wegen Baufälligkeit
11. 2. 1832	Anna v. Manzy, Hauptmanns-Witwe
10. 6. 1837	Michael und Elisabeth Haidenthaler, bürgerl. Kugelbräuer
dzt.	Anton Haidenthaler

Name	Gestorben
Paulus Sophi	17. 5. 1951
Paulus Franziska	30. 10. 1951
Paulus Ferdinand	26. 4. 1967

Unter Abt Martin wurde 1631 von der St.-Veits-Kapelle (jetzt Marienkapelle) eine Türe für einen Ausgang in den Friedhof ausgebrochen. Eine Stufenanlage führte dann in den niederen Friedhof. Daß dieser arkadenförmige Aufgang früher zu einer Gruft gehörte, ist sehr wahrscheinlich. Für den am 21. 7. 1605 verstorbenen Bürger und Handelsmann Adam Grueber und seine 1606 verstorbene vierte Hausfrau wurde an der Außenmauer der Mariazellerkapelle eine Gedenktafel mit folgendem Hinweis angebracht: „Alhie bey St. Petter in einer Capellen an S. Veitskirchen gepaut begraben ligt diesen Stain hierher aufrichten lassen . . .“ Erst um 1886 wurde im Zuge einer Innenrenovierung der Veitskapelle die Türe zum Friedhof wieder vermauert. Die Stufenanlage blieb erhalten, hatte aber keinerlei Funktion.
Im Februar und März 1952 wurde von Stadtbaumeister Wagner die Gruft IVa erbaut. Unter der Stufenanlage kam ein altes Grabplattenstück mit der Jahreszahl 1340 und verschiedenes Gebein zu Tage. Das Plattenstück wurde in die Stützmauer eingebaut und die Gebeine unter dem neuen Gruftboden beigesetzt. Wieweit die im seitlichen Mauerwerk befindlichen alten Grabplatten hierher gehören, läßt sich nicht mehr sicher feststellen.

Gruftinhaber:

31. 3. 1953 Ing. Ferdinand Paulus, Autohändler
dzt. Ferdinand Paulus, Sophie Simmer

Name	Gestorben
Sigismund Sauerwein	4. 12. 1658
Maria Josefa v. Fichtl, Wittwe, geb. von Rohrbach	4. 1. 1764
Maria Sophia Medlhammerin	3. 5. 1739
Joseph Schloßgängl von Edlbach	10. 5. 1815
Brameshuber Franz, Pfleger	5. 1. 1851
Brameshuber Barbara	17. 6. 1869
Feichtner Johann	11. 10. 1931
Feichtner Maria	21. 7. 1945
Corrigan Maria	14. 1. 1956

Krönung Marias, Öl

Gruftinhaber:

um 1650	den Sauerwein'schen gehörig
1815	Joseph Schloßgängl v. Edlbach
1851	Franz u. Barbara Brameshuber
1930	Franz Brameshuber's Erben
1. 6. 1932	Maria Feichtner
1932	Ausbau zu einer Gruft
dzt.	Hans Feichtner

Name	Gestorben
Wolf Hölzl	Sept. 1636
Lorenzoni Peter Anton, Maler	18. 6. 1782
Lorenzoni Barbara	23. 8. 1777
Susanna Espenbacherin	3. 4. 1793
Barbara Römerin	16. 6. 1793
Joseph Ignatius Römer	25. 1. 1808
Wolfgang Stieglbauer	24. 12. 1819
Josef Vorderegger, Stadthalter	6. 12. 1868
Amalia Hitschfeld	21. 12. 1874
Josef Henf	23. 4. 1856
Rosalia Henf, geb. Römer	30. 8. 1850
Strasser Anton	24. 2. 1936
Kessler Maria	17. 1. 1947
Strasser Wilhelmine	23. 6. 1962

Vision des Propheten Ezechiel, Öl, von Ant. Lorenzoni

Gruftinhaber:

1623	Wolf Hölzl, Gastgeb
um 1777	Peter Anton Lorenzoni
21. 6. 1793	Josef Römer, Handelsmann, durch Kauf
1930	Vorderegger u. Henf'sche Erben
	Maria Pexa
9. 4. 1935	Anton Straßer, Bäckermeister
dzt.	Anton Straßer

Name	Gestorben
Claudia v. Muschgey, geb. v. Herz	29. 5. 1803
Georg Laschensky, Baumeister	24. 6. 1849
Gattin, Katharina Laschenzky	6. 10. 1809
Enkel Adolf	
Enkelin Laura	
Maria Laschenzky	15. 8. 1812
Adolf Laschenzky	6. 8. 1816
Ludwig Liebl	10. 3. 1834
Babethe Laschenzky	29. 10. 1859
Bruder Otto Laschenzky	1865
Babethe Laschenzky geb. Koch, Baumeisters Gattin	5. 12. 1886
Georg Laschenzky, Hofbaumeister	23. 3. 1868
Gattin Cezilia Laschenzky	22. 4. 1877
Christian Laschenzky, Architekt	3. 1. 1839
Rupert Lainer Kreiskomissar	
Gattin Anna Lainer	
Tochter Friederike	
August Koch, Brauereibesitzer	19. 11. 1872
Gattin, Maria Koch, geb. Bauer	16. 2. 1867
Kastner Rupert	4. 12. 1947
Kastner Adele	16. 2. 1970

Gruftinhaber:

29. 10. 1629	Michael Mayr Doktor med.
9. 2. 1721	Franziskus Jos. Herz Doktor u. Professor an der Universität durch Kauf
vor 1803	Claudia v. Muschgey geb. v. Herz
1803	Georg Laschensky bürgl. Baumeister durch Kauf
1930	Otto Laschensky und Sophie v. Mossig
15. 7. 1946	Adele Kastner
dzt.	Else Kastner

Name	Gestorben
Sebastian Sailler, Rathsbürger und Gastgeber	9. 5. 1623
seine Frau Juliana Saillerin geb. Knottin	23. 5. 1623
Christoph Sigmund v. Pichl	6. 9. 1816
Theresia Rehle, geb. Topfer	
Glasermeisters Gattin	7. 6. 1847
Vincenz Rehle, Gatte	26. 8. 1850
Maria Rehle, Lehrerstochter von Liefering	24. 1. 1872
Josefine Fürst, geb. Rehle	30. 9. 1876
Johann Fürst, Gatte, Wund und Geburts-	
arzt, geb. zu Dinkelsbühl in Baiern	
(Kinder Karl, Ida u. Ludwig)	1. 6. 1868
Dr. Alois (im Totenbuch: Strele), Hof-	
u. Gerichtsadvokat, geb. in Telfs in Tirol	13. 11. 1874
Anna Ritter, geb. Fürst, Rittmeistersgattin	25. 12. 1885
Johann Bergmair, geb. Fürst, geb. in Dinkelsbühl	10. 10. 1878
Florian Rehle, Glasermeister	13. 6. 1850
Fürst Julianne	14. 10. 1931
Fürst Katharina	22. 4. 1938
Fürst Anna	8. 4. 1968
Fürst Adolf	1. 9. 1971

Gruftinhaber:

1623	Sebastian Sailler Gastgeb
um 1816	den Sauter'schen gehörig
25. 8. 1829	Vinzenz Rehle Hofglasermeister durch Kauf
1. 10. 1931	Adolf Fürst
dzt.	Adolf u. Herbert Fürst

Name	Gestorben
Caspar Schluderbacher	25. 8. 1670
Sohn des G. Reiffenstul	5. 8. 1726
Walburga Haselberger	23. 4. 1803
Josef Stefan Haselberger, Stadtrath	8. 11. 1816
Adolf Prinzinger v. Ari, Oberstlieutenant	9. 11. 1868
Josef Prinzinger, Landrichter von Zell am See	22. 6. 1826
Johanna Prinzinger, geb. v. Huber	28. 2. 1858
Franz Türreder	3. 6. 1877
Emilie Türreder	21. 5. 1849
Emilie Türreder	2. 5. 1873
Hermine Pretsch	26. 8. 1961
Ida Müller	9. 6. 1977

Grabmal, Marmor, von Conrad Dorn, Ausführung Heinrich Mayer

Gruftinhaber:

um 1650	den Schluderpacher gehörig
14. 1. 1721	Georg Reiffenstuhl, bürgl. Spezerei Händler
1803	Josef Stefan Haselberger, Stadtrath
vor 1869	August Wartbichler
30. 7. 1869	Dr. August Prinzinger
1930	Robert Pohl, Hanna Drescher
29. 3. 1951	Hermine Pretsch
dzt.	Walter Pretsch

Name	Gestorben
Martin Pirgler	26. 3. 1792
Theresia Lindenmeyer, geb. Stampfl	4. 4. 1849
Hannß Bernetz	15. 10. 1636
Dr. Vincens Alexy	13. 4. 1878
seine Frau Katharina Alexy, geb. von Sammern zu Frankenegg	30. 7. 1878
Tochter Maria Alexy	13. 7. 1862
Valcic Adalbert	1915
Valcic Karl	1911
Valcic Eugenie	1896
Valcic Maria	1911
Valcic Ulla	1923
Valcic Bela	21. 4. 1933
Simonini Berta	1940
Dr. Simonini Angelo	31. 1. 1932
Lackner Maria	25. 3. 1976
Dederichs Klara	3. 11. 1980

Gruftinhaber:

vor 1708	den Peißer'schen gehörig
1792	Martin Pirgler, hochfürstl. Hoflaquai
20. 6. 1836	David Krötz, bürgl. Kürschnermeister, durch Kauf
30. 1. 1843	Theresia Lindenmayr, Kaufmanns Wtw., durch Kauf
12. 7. 1879	Alex'sche Kinder, durch Kauf
5. 2. 1932	Berta Simonini
22. 2. 1971	Oblatinen v. St. Peter

Name	Gestorben
Johann Andrä Wallner	22. 11. 1797
Maria Anna Lierzerin v. Zehenthal	3. 5. 1812
Franziska Euberger, geb. Wallner	9. 4. 1820
Andreas Wallner, Magistratskanzellist	1. 9. 1843
seine Frau Rosalia Wallner	26. 5. 1842
Johann Nep. Wallner, Kaufmann	27. 2. 1821
seine Frau Anna Wallner	27. 3. 1869
Rosalia Hölzl, geb. Wallner	9. 6. 1876
Friedrich Wallner, Bezirksvorsteher	14. 7. 1879
Eisendle Richard Dr.	26. 12. 1935
Eisendle Ida	17. 11. 1944
Eisendle Hilda	16. 7. 1974
Singer Olga	11. 7. 1977
Jaumann Kurt Dr.	3. 11. 1977
Singer Emmerich Dr.	10. 11. 1979

Auferstehung, Öl

Gruftinhaber:

vor 1657	Abt Albert von St. Peter
5. 10. 1710	Johann Carl Ränau, Truchseß und Georg u. Johann Polz, Münzmeister
6. 5. 1789	Andreas Wallner, Handelsherr, durch Kauf
24. 1. 1936	Dr. Emmerich Singer
dzt.	Dr. Kurt Singer

Name	Gestorben
Franziskus Ferdinand Schwab	20. 7. 1673
Mattäus Draxler	19. 1. 1796
Andere Draxler	8. 8. 1808
Michael Griendl	4. 10. 1808
Sebastian Drexler, bürgl. Fragner	13. 10. 1808
Maria Drexler	16. 8. 1818
Johann Bürgler, Kreisamtskanzelist	2. 7. 1817
Josef Plochberger, bgl. Fleischhauer	12. 10. 1867
Franz Plochberger, Sohn	1858
Heinrich Schueller Dr.	23. 8. 1961

Christus und die Samariterin am Brunnen,
Deckengemälde von F. Jos. Ramsperger, 1773

	Gruftinhaber:
um 1673	Franziskus Ferdinand Schwab
vor 1708	den Schwab'schen gehörig
19. 1. 1732	Mattias Rupert Starch, Univ. Salzburg
vor 1790	Andreas Draxler, bürgl. Fragner
10. 5. 1845	Josef Plohberger, bürgl. Metzger, durch Kauf
1930	Dr. Heinrich Schueller
dzt.	Dr. Albert Schueller

Name	Gestorben
Richard Mengot	20. 6. 1689
Maria Theresia Rismair, bürgerl. Knopfmachersfrau	21. 4. 1813
Augusta Rismair	24. 2. 1819
Karl Rismair	5. 12. 1821
Johann Daniel Rißmair, gebürtig aus Braunschweig	9. 3. 1857
Josepha Bauernfeind	4. 5. 1878
Ferdinand Mayer, bgl. Knopfmacher	15. 5. 1842
Josefa Mayer, Gattin	1856
Carl Mayer, bgl. Knopfmacher	16. 3. 1800
dessen Wittwe Theresia, geb. Rüßmayer	21. 4. 1813
Ferdinand Mayer, Knopfmacher	16. 5. 1842
Josefa Mayer, Gattin, geb. Schaub	16. 9. 1856
Sohn Karl	12. 8. 1827
Josef Mayer, Posamentierer	7. 3. 1881
Walburger Mayer, Gattin, geb. Neuhofer	2. 1. 1863
Elisabeth Mayr	27. 3. 1886
Adelheid Schiffmann, geb. Kalis, Museums-Direktors-Gattin	1. 6. 1873
Jost Schiffmann, Sohn	15. 1. 1869
Maria Hemetsberger	1. 3. 1947
Mayer Josef	9. 6. 1958
Paula Mayer	10. 1. 1969

(Thema nicht sichtbar), Öl

Gruftinhaber:

um 1650	den Mengott'schen gehörig
vor 1708	den Lebzeltisch, Binder'schen gehörig
um 1813	Johann Daniel Rüßmayr
23. 1. 1946	Josef Mayer
dzt.	Josef Mayer

Name	Gestorben
Joseph v. Kofler	21. 3. 1790
Maria Franziska von Koflern	5. 10. 1792
Anna Maria von Koflern	26. 4. 1807
Johann Ernst Jacob Diebold von Damernberg	15. 6. 1761
Francesca Gerl	11. 11. 1866
Anna Steinberger, geb. Kofler, verwittw. Scheibl	15. 6. 1855
Michaela Scheibl	12. 1. 1849
Maria Scheibl, Kaufmannstochter	9. 10. 1865
Elisabeth Scheibl	7. 6. 1912
Eligius Scheibl	15. 1. 1927
Eligius Scheibl	16. 1. 1936
Franziska Scheibl	24. 4. 1970

Gruftinhaber:

vor 1684	Christoph Frauenlob, Pfleger zu Mauterndorf
27. 2. 1684	Joseph Kofler, Hofgerichts-Advokat, durch Kauf
1. 8. 1833	Matthäus Gollackner, durch Kauf
31. 3. 1849	Anna Scheibl, durch Kauf
26. 9. 1865	Anton Steinberger, durch Erbsfall
14. 2. 1866	Scheibl'sche Kinder, durch Kauf
5. 9. 1945	Eligius Scheibl
dzt.	Dr. Eligius Scheibl

Name	Gestorben
Michael Fischer	10. 12. 1665
Georg Rechl	21. 9. 1686
Georg Hagenauer, Handelsherr	12. 9. 1736
1. Ehefrau Anna Maria, geb. Kaufmannin	9. 10. 1683
2. Ehefrau Maria, geb. Mayrin	20. 6. 1720
Georg Christoph Hagenauer, Specerei Händler	14. 10. 1741
Maria Salome Hagenauerin, geb. Wagnerin, Ehefrau	1. 2. 1775
Maria Theresia Wagnerin von Tittmoning	23. 4. 1768
Anna Theresia Reiffenstullin	7. 3. 1795
Josepha Reiffenstuhlin	15. 12. 1803
Joseph Christian Reiffenstuhl	7. 2. 1804
Anna Reiffenstuhl, Kaufmannsfrau	19. 1. 1820
Joseph Zandonetti	8. 5. 1805
Josef Mösenlechner	6. 3. 1951
Katharina Mösenlechner	21. 10. 1960
Katharina Mösenlechner	11. 6. 1975

Allegorie des Christentums, hll. Wolfgang und Petrus, Deckenfresko

Gruftinhaber:

vor 1674	Michael Fischer
14. 3. 1674	Phillipp Rechl, Handelsherr, durch Kauf
4. 5. 1682	Georg Hagenauer, Handelsherr, durch Kauf
1708	„den alten Hagenauer" gehörig
um 1790	Josef Christian Reiffenstuhl
1930	Pirrhus v. Locatelli-Hagenauer
5. 3. 1951	Josef Steiner
dzt.	Maria Steiner

Name	Gestorben
Johann Lorenz Hagenauer, Specereyhändler	9. 4. 1792
Gemahlin Maria Theresia	5. 2. 1800
Johann Anton Hagenauer, bgl. Specereyhändler	27. 7. 1799
Gattin Maria Anna, geb. Ranftl	23. 7. 1794
Josef Reihsecker, Bräuer und Weingastgeber	31. 8. 1865
Franz Kayser, Beamtenssohn	22. 4. 1873
Maria Anna Bolland, geb. Hagenauerin	10. 6. 1804
Franz Xaver Pichler, Sohn der Familie	
F. Pichler u. F. N. Hagenauer	30. 9. 1812
Tochter Theresia Pichler	6. 4. 1816
Johann Hagenauer, Handelsmann	19. 3. 1724
Ehefrau Hagenauerin, geb. Mayrin	
Josef Martin Hagenauer, Specereihändler	27. 7. 1732
und Ehe Consortin Martha Hagenauerin,	
geb. Jägerin von Capellen aus Tirol	18. 6. 1725
Johann Lorenz Hagenauer, Studiosus	16. 1. 1763
Jungfrau Maria Martha Hagenauerin	27. 9. 1770
Leopoldus Hagenauer, Handelsmann	28. 10. 1828
Josef Ignatz Hagenauer, Handelsmann	7. 4. 1780
Jungfrau Theresia Hagenauer	31. 3. 1820
Anna Hagenauer, geb. Popp,	
Kaufmannswittwe von Trier	14. 12. 1836
Johann Büchlmayr	26. 1. 1816
Magdalena Kaiser	9. 10. 1870
Maria Kaiser	13. 10. 1870
Friedrich Mösenbacher	26. 4. 1857
Maria Schwarzacher	29. 2. 1913

Deckenfresken

Gruftinhaber:

vor 1680	Friedrich Petschacher
um 1680	Johann Hagenauer
um 1708	Johann Lorenz Hagenauer
1930	Heimfall und Betreuung durch St. Peter

Name	Gestorben
Johann Zächerl	9. 3. 1676
Johann Mayr, bürgerl. Knopfmacher	4. 2. 1805
Anna Mayrin	16. 5. 1808
Johann Mössl	6. 4. 1827
Katharina Rußegger, geb. Mössl	6. 7. 1847
Caroline Kraus	8. 11. 1867
Josef Mössl	23. 12. 1885
Julius Swoboda	1. 3. 1945
Johanna Swoboda	5. 9. 1950
Rudolf Dallinger	17. 9. 1927
Anton Dallinger	22. 2. 1961
Karl Swoboda	17. 2. 1968

Hl. Familie, Öl

Gruftinhaber:

um 1630	Paulus Plachhueber, Gastgeb
um 1670	Johann Zächerl, Gastgeb
um 1708	dem „Bortenwirker" Johann Mayer gehörig
13. 8. 1734	Edmund Drahtzieher durch Kauf
17. 11. 1827	Joseph Mößl, Papa-Wirt, durch Kauf
1930	Mößl'sche Erben
5. 2. 1948	Johanna Swoboda
dzt.	Margarethe Swoboda

Name	Gestorben
Ferdinand Huber	21. 3. 1702
Godefried Waitzner	23. 11. 1817
Theres Waitzner	16. 2. 1818
Franz Anton Schaffner, Kaufmann	1. 10. 1819
Johann Nepomuk Schreiner, Bierbraumeister in Salzburg	23. 6. 1826
Johann Ed. Penker, Braumeister in München, Bierbrauer in Salzburg	21. 3. 1830
Helena Baumgartner, geb. Waitzner	21. 4. 1867
Gottfried Conrad Waitzner	28. 8. 1867
Franz Haindl, Stieglbräu, geb. zu Landshut	9. 2. 1870
seine Frau Anna Haindl, geb. in Salzburg	20. 7. 1875
Franz Schreiner, Ruedorfer, Lebzelter	26. 3. 1864
seine Frau Nothburga Schreiner, Stieglbräutochter	16. 9. 1884
und Schwester Bertha	21. 7. 1881
Maria Schreiner, geb. Reithamer am Stieglbräu	30. 7. 1877
Johann Holzegger, Bierbräuer	31. 12. 1851
Nothburga Schreiner, geb. Hofmann, Stieglbräuin	9. 9. 1865
Josef Schreiner, Brauereibesitzer	22. 7. 1888
Johann Schreiner, Bruder v. Josef	1. 7. 1888
Schreiner (begraben in Bad Ischl)	6. 8. 1879
Maria Wagnermaier, geb. Haindl	17. 4. 1886
Schreiner Karl	14. 6. 1954
Eibl Franz	28. 10. 1954

Muttergottes, Öl

Gruftinhaber:

25. 4. 1708	Ferdinand Huber
um 1817	Godefried Waitzner
24. 4. 1826	Josef Schreiner, Stieglbräuer, durch Kauf
1930	Carl Schreiner
7. 1. 1954	Maria Eibl

Name	Gestorben
Simon Fagerer	31. 5. 1719
Benedikt Joseph Freysauf v. Neudegg	10. 4. 1808
Anna Maria Freysauf v. Neudegg	30. 1. 1819
Antonia von Freysauf	20. 5. 1821
Maria Schifer	18. 7. 1809
Johann Georg Schifer, Advokat	30. 4. 1821
Katharinna Penkinn	10. 5. 1812
Katharina Penker, geb. Freysauf von Neudegg, Archivarsgattin	15. 7. 1819
Tochter Katharina	10. 5. 1800
Franz Seraph Penker, Buchdrucker	28. 1. 1876
Amalia Penker, geb. Hocheder	25. 9. 1862
Tochter Maria Penker	7. 1. 1874
Anna Penker	25. 1. 1882
Heinrich Ritter von Mertens, Ehrenbürger und viermal gewählter Bürgermeister, geb. zu Wien	26. 10. 1872
Maria Schoberleitner	24. 7. 1952
Franz Schoberleitner	29. 2. 1960
Marianne Schoberleitner	26. 10. 1961

Hl. Georg, Öl

Gruftinhaber:

um 1708	den Fagerer gehörig
21. 10. 1783	Kasper Freysauf
um 1866	Franz Penker
1. 3. 1951	Franz Schoberleitner

Name	Gestorben
Johann Franziskus Duelli	17. 6. 1721
Magdalena Nunmacherin	27. 2. 1795
Theresia Hartmairin	2. 7. 1797
Johann Hartmair	11. 9. 1801
Crescentia Weickl, geb. Perkhofferin	1. 6. 1803
Alois Weickl, Weinwirtssohn	7. 2. 1806
Maria Weickl, geb. Türnkranz Gastgebersgattin v. Mohren	30. 12. 1838
Peter Paul Weickl, Gastgeber und Weinwirth, geb. zu Brunn Pfarre Thalgau	26. 5. 1833
Anna Weickl, Gastgebergattin	1. 1. 1839
Maria Steinhauser, geb. Weickl	5. 3. 1859
Johanna Weickl	10. 4. 1870
Eugen Branick	10. 4. 1870
Johanna Branick	20. 3. 1863
Ludwig Kröll	13. 12. 1944
Maria Kröll	4. 6. 1948
Aloisia Kröll	7. 11. 1952
Georg Beer Dr.	26. 4. 1954
Karl Gräupl Prof.	30. 5. 1959
Johann Kröll	12. 11. 1973

Landschaft, Öl

Gruftinhaber:

5. 5. 1736 Joseph Maximilian Duelli, Hochfürstl. Kammerdiener, durch Verleihbrief
1. 11. 1817 Peter Paul Weikl, Gastwirt zum Mohren
1930 Richard Weikl
6. 10. 1945 Geschwister Kröll

Name	Gestorben
Johann Michael Fux	1. 5. 1713
Felicitas Sauterin	16. 4. 1799
Walburga Sauter	2. 8. 1812
Johann Martin Sauter, Landrechtsrath	15. 5. 1814
Gottfried Konrad Weizner, Kaufmann	28. 8. 1867
Gattin Susanne Weizner, geb. Späth	5. 5. 1848
Friedrich Ritter v. Menningen, Oberst, geb. in Wien	30. 4. 1874
Rudolf Baumgartner, Major	12. 11. 1872
Helene Baumgartner, geb. Weizner	21. 4. 1867
Josefine Hueber, geb. Baumgartner	29. 7. 1882
Kurt Amerhauser	4. 10. 1949
Simon Amerhauser	6. 11. 1952
Theresia Hopf	15. 7. 1955
Maria Amerhauser	16. 4. 1971
Maria Amerhauser	30. 12. 1976

Kreuzabnahme, Öl (Wiederholung der Komposition Rottmayrs in Kremsmünster)

Gruftinhaber:

25. 4. 1708	Johann Michael Fuchs v. Herrnau, Bibliothekar
11. 4. 1710	Franz Josef Stolz, durch Kauf
15. 1. 1740	Anton Lechner
7. 8. 1818	Konrad Weizner, bürgl. Handelsmann, durch Kauf
1930	Dr. Karl Weizner
12. 3. 1949	Simon u. Maria Amerhauser
dzt.	Albert Amerhauser

Name	Gestorben
B. Weiser, vermählt 1668	1704
mit Cordula Rothin, geb. Schinagl	1695
zweite Frau Maria Anna Wagner	1700
Martin Schuster	1728
Ignatz Anton Weiser, vermählt 1723	29. 12. 1785
mit Martha Theresia Brentana von Augsburg	1764
Franziska Weiser, geb. Bramberger, Wittwe des Ignatz Weiser	11. 11. 1848
Ignatz von Weiser, Kaufmann	10. 4. 1838
Maria Kajetana Weiserin	23. 3. 1797
Maria Theresia Weiserin	26. 3. 1798
Sigmund Weiser	20. 4. 1803
Anton Weiser	3. 2. 1806
P. Rupert Weiser, Benediktiner	27. 3. 1807
Franziska de Paula von Mehofen, geb. Weiserin	19. 10. 1793
Franz Xaver Weiser, Handelslehrer, Stadtrath	20. 1. 1817
Anna Santner, geb. Pabitzky, Kreisarztgattin	24. 2. 1857
Thomas Neuhofen, Notar	12. 4. 1866
Gattin Rosina Neuhofen	20. 1. 1865
Anton Leitner, Major	19. 5. 1870
Gattin Aloisia Leitner	17. 4. 1856
Friedrich Neuhofer	26. 2. 1880
Ignaz Neuhofer	16. 12. 1879

Gruftinhaber:

6. 7. 1700	Bartlmä Weiser, Kaufmann, durch Kauf
um 1860	den Neuhofer'schen gehörig
1930	Olga Tomaselli
dzt.	Dipl.-Kfm. Tomaselli

Name	Gestorben
Begina Recheisin	26. 10. 1669
Bernhardi Schallhammer	2. 11. 1732
Johann Georg Anton von Schallhammer, Doktor der Rechte	2. 10. 1794
Gattin Barbara Matz Freyinn von Spiegelfeld, vermählt 30. 5. 1759	20. 8. 1801
Michael Johann Freiherr von Thalherr, Feldmarschall, Lieutenant, geb. zu Wien	1856
Genovefa von Mohr zu Mohrenberg	20. 4. 1802
Franz Martin Schallhammer	8. 3. 1746
Maria Catharina von Schallhammerin, geb. von Pirchner	7. 7. 1768
Johann Nepomuk Edler von Vogel, Hauptmann, geb. in Wien	8. 4. 1858
seine Frau Elisabeth Edle v. Vogel	6. 10. 1874
Friedrich Graf von Coudenhove, Hauptmann im 59. Inf.-Reg., geb. in Baden	1. 2. 1851
Amalia von Schallhammer	12. 7. 1817
Josepha von Schallhammer	5. 5. 1820
Hans Schraffl	2. 4. 1935
Julie Schraffl	29. 1. 1971
Roman Schaffler	2. 8. 1974

Gruftinhaber:

vor 1682	Christoph Recheisen
16. 10. 1682	Georg Schallhammer, Hochfürstl. Handelsverwalter, durch Kauf
1930	Ritter v. Schallhammer'sche Erben
12. 7. 1946	Julie Schraffl
1946	Ausbau zu einer Gruft
dzt.	Hans Schraffl

Name	Gestorben
Christophorus Rhain	15. 8. 1687
Georg Rhain	21. 12. 1696
Nicolaus Leopold, Handelsmann	30. 3. 1647
Sebastian Edler von Aman	25. 12. 1792
Anton Edler von Aman	1777
Gustav Edler von Aman	7. 8. 1797
Crescentia, Edle von Aman	24. 1. 1804
Elisabeth Edle von Aman, geb. Aichheim	3. 5. 1809
Josef Domenicus Edler von Aman, Sohn des Anton Aman, gestorben an Blattern	23. 12. 1788
Franz Anton Edler von Aman, Bergwerksrath	18. 1. 1785
Gemahlin Maria Theresia, geb. Tahlhauserin	30. 7. 1778
Felix von Freytag, von Freudenfeld	17. 8. 1814
Maria Anna von Freytag von Freudenfeld	13. 4. 1816
Andreas Wiener	1833
Maria Anna von Pirgern	31. 12. 1780
Magdalena Baumgartner, verwittw. Loidfelder, geb. Seerainer, Besitzerin d. Caffeehauses Mozart	13. 1. 1856
Franz Thaddä von Kleinmayrn, Geheimrath s. Gruft Nr. XXV (Die Grabtafel Kleinmayrn wurde 1980 in die Gruft XXIV versetzt)	5. 3. 1805
Anna Wechselberger	2. 5. 1934
Jakob Wechselberger	14. 8. 1939
Emma Wechselberger	6. 9. 1951
Rosina Wechselberger	16. 3. 1960
Maria Lang	27. 11. 1958
Josef Lang	28. 10. 1964

Kreuzigungsgruppe, Öl

Gruftinhaber:

vor 1689	Georg Schallhammer
5. 4. 1689	Christoph v. Rhain, hochfürstl. Sbg. Kammerdiener
	Georg Friedrich v. Rhain, hochfürstl. Sbg. Landschafts-Sekretarius
28. 10. 1777	Franz Anton v. Aman, Geheimer Rath und Generaleinnehmer, durch Kauf
25. 1. 1833	Andreas Wimmer, Schlossermeister, durch Kauf
18. 10. 1856	Elisabeth Loitfeller
	Rosa u. Emilie Baumgarten, durch Kauf
1. 6. 1933	Jakob Wechselberger
dzt.	Rosemarie Lang

Name	Gestorben
Richard Carl	15. 10. 1652
Elisabeth Carlin	25. 2. 1655
Leonhardy Stögmayr	14. 5. 1734
Catharina Kleinmayrn	19. 1. 1708
Franz Thaddä von Kleinmayrn, Geheimrath, Historiker	5. 3. 1805
1. Frau: Josepha Spitzer, vermählt am 20. 8. 1764	17. 5. 1789
2. Frau: Katharina von Schallhammerin, vermählt 27. 9. 1790	1. 1. 1824
Tochter Barbara v. Kleinmayrn	30. 8. 1865
Enkelin, Amalia Freyin v. Kleinmayrn	6. 1. 1882
Die Tafel Kleinmayrn, befindet sich in der Gruft XXIV	
Mathias Rotter von Rosenschwert, Oberst	10. 2. 1869
Gattin: Josefine Rotter von Rosenschwert	18. 3. 1870
Tochter: Caroline Rotter von Rosenschwert	14. 1. 1858
Mathilde Thorak (Mutter v. Josef Thorak)	10. 1. 1943
Josef Thorak Prof.	29. 2. 1952

Pieta, Marmor, Josef Thorak, Ausführung Kiefer AG, Kacheln, Ton gebrannt, von J. Thorak

Gruftinhaber:

1652	Richard Carl, Hofrichter zu St. Peter, durch Schenkung
1708	Catharina Kleinmayr, Hofrichtersgattin, durch Schenkung
1930	Maria v. Rechtolsheim
27. 6. 1951	Josef Thorak, Prof.
dzt.	Erna Thorak

Name	Gestorben
Stephan Stockhamer	5. 10. 1665
Nothburga Hierlin	6. 2. 1795
Michael Hierl	20. 2. 1795
Franz Hierl	16. 7. 1798
Andrä Hierl	13. 7. 1801
Euphrosina Hierl	8. 4. 1804
Josef Hörl, Bierbrauer	22. 8. 1856
Barbara Hörl, Bierbrauersgattin z. g. Stern	19. 6. 1837
Tochter, Margarit Hörl	9. 5. 1881
Anton Hörl, Bierbrauer zum Stern	6. 9. 1862
Sohn, Gustav Hörl	19. 3. 1876
Johann Hörl, Gasthausbesitzer zum rothen Krebs	1871
Gattin, Margaretha Hörl, geb. Stocker	13. 7. 1873
Theresia Hörl, Kleidermachers Gattin	25. 11. 1844
Josef Eder	2. 2. 1963
Johann Eder	18. 9. 1965
Lore Eder	7. 1. 1976

Abschied Christi von Marien, Öl

Gruftinhaber:

12. 7. 1651	Stephan Stockhammer
um 1708	den Stockhammer'schen gehörig
8. 7. 1767	Ferdinand Matthias Pündtner, bürgl. Lebzelter
22. 6. 1767	Ursula Pintner
24. 7. 1845	Josef Hörl, Mödlhammer-Bräu
1930	Friedrich Jentsch
24. 6. 1938	Käthe Peter
30. 9. 1953	Alois Jentsch
12. 10. 1966	Lore Eder
dzt.	Josef Eder

Name	Gestorben
Wilhelm Roth	8. 10. 1665
Maria Anna von Mair	22. 2. 1796
Joachim von Mair	8. 8. 1796
Maria Gertraud von Mair	28. 7. 1808
Johann Bapt. von Mair, k. k. Kreisrath	1. 4. 1819
Josef Glitsch, Hofzuckerbäcker	8. 2. 1817
Magdalena Glitsch	25. 4. 1806
Franz Irresberger, Weingastgeber 3 Mohren	15. 8. 1853
Gattin Franziska	18. 6. 1858
Carl Irresberger, Besitzer des Österreichischen Hofes	15. 11. 1875
Charlotte Irresberger	1905
Karl Ludwig Irresberger	27. 7. 1957
Anna Jäckel	27. 2. 1970
Helmut Irresberger Dr.	25. 1. 1975
Edith Irresberger Dr.	3. 5. 1975

Gruftinhaber:

12. 7. 1650	Hans Wilhelm Roth, Bürger u. Handelsmann
um 1790	Joachim v. Mairn, Hochfürstl. Truchseß
9. 6. 1845	Ignaz Kaserer, k. k. Stadt- u. Landrechts-Kanzlist
3. 12. 1850	Joseph Lex, bürgerl. Lederermeister
6. 4. 1852	Franz Irresberger
1930	Dr. Helmut Irresberger
dzt.	Dr. Irresbergers Erben

Name	Gestorben
Ludwig Mair	1690
Johann Schleindl	6. 2. 1719
Erentraud Metzgerin	16. 6. 1794
Susanne Metzgerin	22. 4. 1807
Karl v. Kleinmayrn, Sohn des H. v. Kleinmayrn	21. 10. 1814
Mathias Gschnitzer, Kaufmann, geb. in Pflersch in Tirol	15. 3. 1824
Gattin Barbara Gschnitzer, geb. Hoffer	3. 1. 1829
Maria Gschnitzer, geb. Zeller	10. 2. 1871
Mathias Gschnitzer, Fabriksbesitzer	29. 10. 1884
Sohn Josef Gschnitzer	17. 11. 1856
Clotilde Harrer	7. 6. 1866
Franz Gessele	13. 11. 1893
August Gessele	14. 5. 1914
Dora Gessele	11. 4. 1928
Franz Gessele	22. 4. 1928
Maria Gessele	1. 12. 1952
Hella Gessele	10. 4. 1915
Hermann Gessele	17. 9. 1949
Carola Gessele	3. 9. 1970
Hannes Gessele	23. 5. 1975

Gruftinhaber:

vor 1714	den Mayr'schen gehörig
11. 8. 1714	Ignatio Christoph Meygren
um 1790	Johann Peter Metzger, Bürgermeister u. Handelsmann
25. 9. 1845	Matthias Gschnitzer, bürgerl. Handelsfaktor
1930	Franz Gessele
dzt.	Liselotte Gessele

Name	Gestorben
Eustachius Guggenberger	6. 11. 1661
Ignaz Veits	1674
Joseph Gschoßmann	31. 8. 1799
Katharina Bruggnerin	30. 10. 1800
Katharina Aichner	12. 7. 1801
Theresia von Lanser, geb. Hahn	12. 11. 1857
Gatte, Georg von Lanser	15. 3. 1864
Ignatz Würstl, Faktor	20. 10. 1829
Gattin, Josefa Würstl, geb. Azwanger	19. 3. 1834
Johann Nep. Phrammer, geb. zu Hall in Tirol	1. 5. 1830
Gattin, Katharina geb. Foh	5. 5. 1874
Jungfrau Maria Anna Würstl, Apothekers Tochter von Schwaz	27. 3. 1830
Raimund Würstl, Handelsfaktor	27. 5. 1831
Ignatz Würstl, Handelsfaktor	9. 10. 1831
Ignatz Würstl, Großhändler	7. 5. 1854
Georg von Lanser zu Moos und Vestenstein	13. 7. 1884
Franz Gramiller	16. 8. 1951

Gruftinhaber:

vor 1674	Eustachin Guggenberger
15. 2. 1674	Johann Ignatio Weiß
um 1700	Matthias Mohr
2. 9. 1799	Anton Gschoßmann, Schenkung d. Abt Dominikus
16. 7. 1801	Philipp Aichinger, Zinngießer
16. 6. 1831	Ignaz Würstl, Handelsfaktor
1930	Lanser'sche Erben
31. 3. 1948	Franz Gramiller
dzt.	Max Gramiller

Name	Gestorben
Enoch Gertzner, Wein-Handelsherr	22. 8. 1666
Carl Tunstler, Gastgeber	21. 6. 1647
seine Frau Ursula, geb. Gertznerin	21. 4. 1657
Michael Georg Mayr, Handelsmann	18. 4. 1665
seine Hausfrau Maria, geb. Tunstlerin	1668
Johann Anton Lang, Bettenhändler	20. 11. 1737
Maximilian Fuchsburger	14. 10. 1715
Gattin Maria Fuchsburger, geb. Tunstlerin	1. 2. 1734
Mattias Josef Ranftl	22. 1. 1805
Franz Anton Ranftl, Handelsherr	12. 10. 1820
Anna Hintner	17. 11. 1879
Anton Neumayer	15. 8. 1865
Kasper Neumayr, geb. in Seeham	31. 5. 1848
Christian Angele, geb. in Liberach im Königr. Würtenberg	4. 8. 1862
Johanna Angele verwittw. Neumayr, geb. Menhard	15. 12. 1873
Josef Menhart, Bäckermeister, geb. in Uttendorf	15. 8. 1835
Gattin Barbara Menhart	29. 11. 1840
Heinrich Kiener	23. 6. 1950

Gruftinhaber:

um 1650	den Tunstler'schen gehörig
19. 9. 1780	Mattias Ranftl, Handelsherr, d. Verleihbrief
20. 8. 1845	Kasper Neumayr, Realitätenbesitzer, d. Kauf
	Mitbesitzer Christian Angele
1930	Alois Neumayr
1. 4. 1944	Heinrich Kiener
dzt.	Ing. Heinrich Kiener

Name	Gestorben
Joanes Solaris	3. 12. 1673
Santinus Solarius	10. 4. 1646
Laurentia Solari	31. 8. 1678
Franz Mayr de Pürglan	1717
Maria Elisabeth Mayrin von Pürglan, geb. Edle von Hoffmitten	20. 7. 1716
Maria Anna Susana Lospichler, geb. Braunin	31. 12. 1721
Rosa Maraltin	5. 12. 1736
Franz Casper von Maralt, Landschafts-Cantzler	2. 5. 1747
1. Ehefrau Maria Martha geb. Mayr von Pürglan	1742
2. Ehefrau Maria Rosalia geb. Freyin von Hoffmitten	1752
Maria Martha Maraldin	9. 7. 1742
Franz Demling	14. 4. 1794
Joseph Heiß	21. 8. 1797
Barthlmä Karlsdorfer	25. 3. 1801
Maria Anna Demling, geb. Heiß	13. 12. 1805
Matthias Karlsdorfer	1797
Johann Karlsdorfer	1825
Katharina von Hauser	1824
Matthäus Wänzler, Gastwirth in der Herrengasse, geb. zu Sonnenburg im Pusterthale in Tirol	13. 2. 1804
Katharina Wänzler, geb. Eichschmied, geb. zu Adlstetten Laufen	7. 11. 1815
Gertraud Eichschmied, Schwester, geb. in Adlstetten	7. 7. 1818
Kinder: Maria Katharina Wänzler	12. 2. 1806
Matthäus Stephan Wänzler	22. 8. 1835
Elisabeth Wänzler, Landrathsgattin	13. 10. 1853
Mathias Wänzler, Gatte, Landrath	29. 8. 1856
Rosina Kobernaußen, geb. Kammerlander	14. 7. 1879
Franz Kobernaußen, Gastwirth zum weißen Kreuz	18. 5. 1882
Georg Höller, Domkapitular	9. 12. 1953
Albert Lunghofer, Domkapitular	8. 10. 1958
Josef Feichtner, Domkapitular	30. 6. 1965
Johann Innerhofer, Domkapitular	19. 8. 1966
Josef Dillersberger Dr., Domkapitular	8. 7. 1972
Benedikt Stampfl, Domkapitular	21. 10. 1972
Alois Wimmer Dr., Domkapitular	14. 10. 1980

Architekt Solari vor den hll. Rupert und Virgil kniend, Öl, von Antoni Solari

Gruftinhaber:

1648	Santino Solari
um 1700	„den Sänntinischen" gehörig
um 1740	den Marald'schen gehörig
1780	Josef Heiß, Kapitel Maurermeister
1797	Matthias Karlstorfer, Maurermeister
1823	Katharina v. Hauser
30. 11. 1835	Matthäus Wänzler, k. k. Landrath, durch Kauf
13. 5. 1862	Franz Kobernaußer, Gastwirt, durch Erbschaft
23. 6. 1870	2 Sargplätze für Johann u. Theresia Plenk, durch Kauf
1930	Kobernaußer'sche Erben
15. 4. 1953	Metropolitan-Kapitel von Salzburg

Name	Gestorben
Johannes Schrofner	18. 1. 1670
Franz Heinrich von Naumann, Ingenieur, Ober Lieutenant und Kabinets Zeichnungs Meister	14. 6. 1795
Martin von Naumann	1824
Maria von Naumann, Mutter u. Großmutter	20. 8. 1873
Anton Eusebius Königsegg, Reichsgraf, Domkapitular der Hochstifte Salzburg, Cöln und Straßburg	27. 11. 1858
Wenzl Böhm, Polizeidirektor	1. 5. 1862
Wilhelm Auer, Handelsmann in Tämbswerg	17. 11. 1716
Johann Baptist Auer	12. 12. 1723
Christian Auer, Handelsmann	30. 9. 1748
Elisabeth Kaltenhauserin, geb. Auerin	23. 6. 1708
Franz von Naumann	2. 8. 1862
Maria von Naumann	7. 7. 1864
Johann von Naumann	19. 8. 1860
Franziska von Naumann	20. 5. 1864
Karl von Naumann	18. 12. 1874
Barbara von Naumann	22. 8. 1877
Maria Stief	26. 4. 1881
Keldorfer Josef	1894
Keldorfer M. Antonia	1913
Keldorfer Josef	1884
Keldorfer Paula	1886
Keldorfer Heinrich	24. 12. 1931
Keldorfer Heinrich	21. 4. 1932
Keldorfer Anton	3. 7. 1933
Keldorfer Franz-Friedrich	10. 5. 1943
Keldorfer Anna	19. 10. 1944
Keldorfer Maria	6. 2. 1946
Werner Theodor Dr.	10. 12. 1957
Werner Maria	5. 1. 1966
Keldorfer Robert Prof.	19. 9. 1980

Gruftinhaber:

vor 1709	den Schroffner'schen gehörig
17. 10. 1709	Christoph Auer, Domkapitel-Kastner
20. 8. 1824	Maria v. Naumann, durch Verleihbrief
1930	Viktor und Anna Keldorfer
dzt.	Keldorfer'sche Erben

Name	Gestorben
Christoph Wolgschaffen, Kastner in St. Peter	29. 10. 1679
Anna Maria Kellhamerin	5. 5. 1794
Anton Mayr, Weingastgeber und Gemeinderath	11. 10. 1791
Anna Theresia Gattin, geb. Hofferin	28. 12. 1784
Elisabeth Mayr	11. 6. 1821
Wolfgang Mayr, Weingastgeber und Stadtrath	15. 1. 1830
Barbara, Ehegattin, geb. Kellhamerin	23. 8. 1811
Anna Bregovay von Eger-Farmos, geb. Mayr, Gattin des Rittmeisters Johann Bregovay und Mutter des Sohnes Alexander	10. 1. 1850
Joseph Mayr, Gastgeber zum Schiff	28. 7. 1831
Kinder: Wolfgang 3 Jahre alt	18. 6. 1833
Friederike 11 Jahre alt	18. 6. 1833
Theres Mayr, Hausmeisterin im Gasthof Schiff	
Ludwig Mayr, Hauptmann, gest. in Bereghszavz/Ungarn	10. 8. 1855
Viktoria Hoffmann, geb. Mayr, Papierfabriksbesitzers Gattin von Lengfelden	8. 10. 1856
Johann Mayr	22. 1. 1814
Elise Mayr, Gattin	27. 12. 1825
Josef Mayr, Gasthofbesitzer	24. 8. 1856
Katharina Mayr, Tochter	6. 9. 1862
Wolfgang Mayr, Wirtssohn	7. 7. 1815
Martin Wispauer, Gastwirt zu Traunstein	10. 11. 1823
Anna, Gattin, geb. Mayr	18. 4. 1825
Ignatz Baurnfeind, Gasthof zum Erzherzog Carl	1867
Josefa Baurnfeind	1878
Carl Baurnfeind	1860
Maria Baurnfeind	7. 1. 1885
Richard Mayr, Opernsänger	1. 12. 1935
Friedrich Mayr	28. 3. 1939
Karl-Hubert Mayr	17. 10. 1942
Maria Mayr	22. 12. 1948
Maria Kapsreiter	22. 10. 1959
Gustav Kapsreiter	24. 4. 1971
Peter Kapsreiter	10. 12. 1973
Maria Mayr, Gattin von Richard Mayr	27. 7. 1974

1949 von aufgelassener Gruft am Kommunalfriedhof überführt:

Victorine Mayr	Friedrich Mussoni	Franz Mayr
Pauline Mayr	Katharin v. Rauchenbichler	Marie Lorenz v. Liburnau
Marie Mayr	Franz Mayr	Norbert Lorenz v. Liburnau

Gruftinhaber:

17. 4. 1648	den Wolgschaffner'schen gehörig
um 1750	Wolfgang Mayr, Schiffwirth wegen Auflassung des Begräbnisrechtes in der St.-Michaels-Kirche, durch Schenkung
1930	Mayr'sche Erben
23. 1. 1946	Maria Kapsreiter Dr. Gustav Kapsreiter
dzt.	Familie Kapsreiter

Name	Gestorben
Anna Rohrin	1645
Johannes Rohrer, Hochfürstl. Cammer-Rath	5. 4. 1652
Michael Wenger	14. 5. 1741
Gregor Baldi	25. 12. 1878
Magdalena, Gattin Baldi	17. 5. 1881
Josef Aglassinger	8. 9. 1856
Anna Maria Thinin, geb. Döllinger, Kammerfrau	16. 11. 1767
Maria Erntraudt von Dirnhardstein, geb. Wibmerin	30. 3. 1742
Mathäus Lonzy, Hof-Musicus	24. 2. 1755
Franz Kriechhammer	4. 11. 1797
Barbara Zaunerin	12. 3. 1803
Katharina Scherbin	8. 2. 1810
Julius Baldi	18. 7. 1868
Franziska Baldi	27. 8. 1868
Magdalena Baldi	11. 7. 1872
Stephan Gampp	1894
Karoline Gampp	1908
Karl Gampp Dr.	16. 2. 1940
Stephanie Gampp	15. 6. 1944
Rosa Gampp	25. 1. 1945
Maria Gampp	24. 3. 1951
Julie Gampp	14. 11. 1956

Auferstehung Christi, Öl

	Gruftinhaber:
13. 1. 1644	den Rohrer'schen wegen Auflassung des Grabes in der Margarethenkapelle gehörig
18. 5. 1725	Michael Wenger, Handelsmann, Bürgermeister
um 1840	Josepha Spatzenegger
27. 5. 1845	Joseph Aglassinger, Hornerwirt, durch Kauf
2. 9. 1868	Gregor und Anton Baldi, Kunst- u. Galanteriewaren-Händler
1930	Dr. Friedrich Baldi
22. 4. 1936	Dr. Karl Gampp
dzt.	Lola Gampp

Name	Gestorben
Johannes Unterperger	April 1641
Maria Anna Freisaufin	16. 8. 1686
Anna Maria Hertzogin, geb. Freisauffin	8. 8. 1719
Paulus Übleisen	5. 11. 1708
Maria Regina Freysauffin	13. 6. 1760
Joseph Caspar Freysauff v. Neudegg	8. 5. 1803
Maria Theresia Übleisen	2. 5. 1692
Friedolin Schiffer	28. 11. 1846
Anton Schiffer	2. 10. 1848
Maximilian Leitner	6. 8. 1844
Franz v. Leithner	10. 7. 1883
Zitta v. Leithner, geb. Schiffer	8. 2. 1837
Martin Huber	24. 12. 1934
Katharina Huber	11. 4. 1944
Elisabeth Huber	8. 7. 1947
Karl Huber	21. 12. 1953
Josef Huber	16. 3. 1963
Martin Huber Dr.	22. 4. 1965
Martha Huber	20. 8. 1966
Franz Kelchhauser	14. 12. 1960
Elfriede Kelchhauser	18. 9. 1968
Anna Kelchhauser	15. 3. 1976
Helga Englisch Dr.	13. 6. 1969
Maria Stürmer	15. 12. 1976

Gruftinhaber:

4. 7. 1642	den Unterperg'schen gehörig
4. 1. 1677	Ferdinand, Christoph, Franz-Leonhard Freysauf v. Neidegg
um 1700	den Freysauf und Schiefer'schen gehörig
1845	Klara Schiffer
um 1860	Franz von Leithner
1. 6. 1932	Martin Huber
dzt.	Hans Stürmer

Name	Gestorben
Franciscus Zappler	12. 7. 1654
Rupert Radauer, Kanzleidirektor	15. 12. 1870
Laura, Gattin, geb. Volderauer	24. 5. 1865
Friedrich Volderauer	19. 1. 1883
Anna, Gattin, geb. Döstler	4. 4. 1839
Carolina Hunckel, geb. Volderauer, Hauptmannsgattin	20. 8. 1869
Sohn Alexander Hunckel, Adjunkt der Kaiserin-Elisabeth-Bahn	4. 9. 1868
Johann Georg Volderauer, Handelsmann, geb. zu Telfs in Tirol	28. 1. 1829
Katharina, Gattin, geb. Lechner	6. 5. 1860
Pauline Volderauer, v. Eltern Friedrich und Paula Volderauer	1. 6. 1850
Ida Lienbacher, geb. Volderauer, Oberlandesgerichts-Gattin (begraben am Kommunal-Friedhof)	3. 7. 1877
Friedrich und Paula Volderauers Kinder:	
Friederika	4. 1. 1843
Hermann	9. 2. 1846
Viktor	2. 2. 1847
Hermine	21. 1. 1859
Elisabeth Mitschka	31. 12. 1935
Emil Mitschka	23. 11. 1956

Der Tempel Nemi, Öl

Gruftinhaber:

1638	den Zappler'schen gehörig
vor 1735	Martin Augustin Pechtl, Specereihändler
31. 10. 1735	Wolfgang Augustin Hofer, Weingastgeb z. blauen Höcht
24. 4. 1826	Friedrich Volderauer, Handelsmann, d. Kauf
1930	Volderauer'sche Erben
2. 3. 1936	Emil Mitschka
dzt.	Hedwig Liemberger

Name	Gestorben
Philipp Vermele	6. 9. 1663
Frantz Antoni Lechner, Stadtrath und Handelsherr	22. 12. 1770
Ehefrau Maria Elisabeth, geb. Dannerin	20. 9. 1770
Franz von Paula Lechner, Handelsherr	25. 1. 1788
Gattin Maria, Cordula, Antonia, geb. Zezi	20. 5. 1785
Franziska von Pichl, geb. Lechner	12. 7. 1849
Camilla, Tochter von Franziska Pichl	28. 3. 1855
Josef v. Pichl	17. 3. 1860
Anna Hinterhuber	4. 6. 1841
Julius Hinterhuber, Apotheker	3. 4. 1880
Julius Hinterhuber, Sohn	6. 3. 1845
Paul Hinterhuber, Sohn	11. 12. 1868
Fritz Hinterhuber, Sohn	5. 9. 1879
Georg Hinterhuber, Apotheker	21. 11. 1850
Gattin, Barbara, geb. Lechner	28. 5. 1842
Josef Kaserer, Major	19. 6. 1868
Gattin Julie Kaserer (Söhne: Josef, Julius und Wilhelm)	1877
Kordula Kaserer	4. 4. 1880
Florian Rigler	9. 3. 1817
Felix Pausinger	11. 11. 1878
Karoline Preis	4. 4. 1940
Michaela Zöttl	14. 2. 1964
Eduard Glaser	19. 10. 1944
Berta Glaser	19. 10. 1944
Franz Schramm	13. 8. 1935
Auguste Schramm	30. 9. 1950
Josef Schramm	17. 12. 1955
Franz Schramm	16. 7. 1963
Luise Schramm	10. 4. 1971

Leichnam Christi, Öl

Gruftinhaber:

1651	dem Philipp Vermele geschenkt worden
vor 1740	den Fux'schen gehörig
15. 1. 1740	Franz Anton Lechner, Kaufmann, durch Kauf
um 1835	je 1/3-Anteil: Familie v. Pichl, Anna Kaserer, Julius Hinterhuber
1930	Hermann Hinterhuber
31. 8. 1935	Josef Schramm

Name	Gestorben
Johann Feuersenger	13. 2. 1670
Felicitas Schmirberin	15. 11. 1656
Johann Pernegger	17. 4. 1662
Ernst Mangin	28. 12. 1804
Anton Karner, aus Karlsruhe	26. 1. 1805
Josepha Laimer, geb. Mayregg	1. 11. 1805
Alois Mangin	5. 5. 1806
Franz Eyberger	3. 7. 1806
Ernst Mangin	28. 2. 1809
Josepha Eyberger, Tochter des Franz Eyberger, Handelsmann	7. 1. 1810
Anton Auer, Münzmeister	15. 1. 1812
Maria Katharina Walnerin	24. 12. 1813
Sophi de Hegberg	24. 7. 1814
Kühn Friedrich	3. 2. 1825
Johanna Poindecker	4. 1. 1938
Katharina Poindecker	7. 6. 1973
Susanne Buchner	26. 11. 1975
August Mayer	6. 12. 1937
Wolfgang Mayer	9. 7. 1970
Johanna Mayer	13. 5. 1974
Robert Mayer	4. 8. 1980

Gruftinhaber:

1637 dem Christoph Schmirber, Stadtrath, Handelsherr, gehörig
8. 12. 1658 Johann Pernegger, Hofbildhauer
1662 Hans Feursenger
10. 8. 1825 Magdalena Kühn, Färbermeisterin, durch Kauf
30. 12. 1847 Franz Triendl, bürgerl. Großhändler, durch Kauf
1930 Lidia Plachetka u. Ludmilla v. Guttenberg
24. 1. 1938 Johanna Mayer
dzt. Auguste Hirsch

Name	Name
Christoph Töber gest. 9. 4. 1636 Georg Jänkh gest. 29. 3. 1674 Johann Laimprucher Raths Bürger und Handels Factor gest. 7. 3. 1709 i. 64 L.J., geb. 1645 Anna Elisabetha geb. Wolgeschaffin gest. 5. 5. 1725 i. 76 L.J., geb. 1649 Francisc Laimpruchers Johann Laimprucher, und Anna Laimprucher, Anno 1675 Frau Maria Anna Kaltenhauserin gest. 18. 1. 1720 i. 39 L.J., geb. 1681 Sigmund Haffner, gewesener Handelsfactor und des Raths Bürgermeister, auch der Löbl. Landschaft Verordneter und Generalsteuereinnehmer so gestorben 12. 1. 1772 i. 73 L.J., geb. 1699 Maria Anna Elisabeth Haffner, geb. Kaltenhauserin, gest. 25. 12. 1744 i. 32 L.J., geb. 1712 Tochter des Joachim Sylvester Kaltenhauser und der Maria Anna geb. Laimprucher, Franciscus Sigmund Haffner Studiosus, gest. 18. 5. 1749 2. Ehefrau: Maria Elenora Apolonia Haffner, geb. Metzgerin gest. 2. 6. 1764 Eleonora Haffner geb. 1747, gest. 1786 Raimund Felix Atzwanger geb. 1742, gest. 1854 Frau Franzisca von Mayregg gest. 29. 9. 1778 Fräulein Anna v. Mayregg gest. 25. 5. 1726	Fräulein Francisca v. Mayregg gest. 28. 10. 1782 Franz Sigmund Haffner Edler von Imbachhausen. Er ward geboren den 30. 9. 1756 u. starb den 24. 6. 1787. Anton Triendl, Factor, Handels u. Rathsherr gest. 2. 7. 1796 i. 75 Lebensj., geb. 1721 dessen 1. Frau: Maria Anna Triendl geb. Sigmund Haffner, geb. 15. 3. 1734, gest. 1. 3. 1775 i. 41 Lebensjahr Kinder aus 1. Ehe: Maria Aloisia Fendt, geb. Triendl geb. 1766, gest. 1791 deren Ehegatte: Georg Fendt geb. zu Botzen 1744, gest. 1822 deren Sohn: Anton Fendt geb. 1786, gest. 1864 dessen Ehefrau: Aloisia Fendt geb. Lürzer geb. 1791, gest. 1854 Tochter des Hofkammerrates Ferdinand v. Lürzer deren Kinder: Josefine Plachetka geb. Fendt k. k. Oberfinanzrathswittwe geb. 14. 4. 1813, gest. 17. 4. 1890 exhum. Kom.-Friedhof deren Ehegatte: Franz Plachetka k. k. Oberfinanzrath i. P. geb. 15. 10. 1796, gest. 22. 12. 1881 deren Sohn: Franz Plachetka geb. 6. 2. 1844, gest. 29. 8. 1865

Name	Name
Josefine Bordogni geb. von Lanser k. k. Oberstlieutenants Wittwe geb. 1798, gest. 28. 12. 1883 Georg Fendt geb. 1814, gest. 1823 Anton Fendt k. k. Major i. P. geb. 21. 11. 1815, gest. 3. 12. 1889 exhum. Kom.Friedhof dessen Ehegattin: Ludmilla Fendt geb. Sterr Edle von Schlachtenlohn geb. 11. 2. 1817, gest. 12. 4. 1858 Sigmund Triendl, Stadtrath und Handelsfactor geb. 5. 9. 1769, gest. 5. 7. 1809 Anna Triendl geb. Hillebrand geb. 1765, gest. 6. 10. 1843 Franz Hepperger von Hoffensthal und Thirstenberg geb. 10. 9. 1784, gest. 24. 2. 1866 Maria von Hepperger geb. 17. 4. 1811, gest. 21. 1. 1855 Josef Hepperger k. k. Hauptmann geb. 24. 12. 1812, gest. 8. 8. 1857 Anna Lergetporer geb. Triendl geb. 12. 1. 1794, gest. 12. 1. 1822 Alois Lergetporer, Bürgermeister der Stadt Salzburg geb. 17. 6. 1786 zu Schwaz i. Tirol gest. 29. 4. 1851 Ludwig Lergetporer geb. 17. 6. 1817, gest. 28. 10. 1887 Sigmund Lergetporer, Student gest. 19. 8. 1835 i. 21 L.J. Philippine Luise Lergetporer geb. 31. 12. 1821, gest. 22. 3. 1837	Josefine Lergetporer, geb. Berchthold zur Sonnenburg gest. 4. 4. 1846, 44 Jahre alt Anna Lergetporer gest. 4. 7. 1846, 16 Jahre alt Friedrich Lergetporer geb. 1837, gest. 1908 Anna von Fliehser geb. von Hepperger, welche am 9. Tage nach der Geburt des ersten Kindes ihre kurze irdische Laufbahn beschloß, geb. 18. 7. 1815, gest. 19. 7. 1843 Malvine Lergetporer geb. Schlosser geb. 1847, gest. 1919 Elsa Böhm, geb. Lergetporer 1879 Dr. Robert Landauer geb. 1908, gest. 1940 Berchthold zu Sonnenburg gest. 14. 3. 1809, 60 Jahre alt, geb. 1749 Anton Triendl geb. den 20. Juli 1785, gest. den 9. Dezember 1842 seine Gattin Barbara Triendl geborene Höck geb. den 28. Dber, gest. den 14. Mai 1821 Fräulein Anna Triendl gestorben den 23. Januar 1902, geb. 1816 Anton Triendl, Letzter Chef der Sigmund Haffner'schen Großhandlung, geb. 20. 8. 1820, gest. 15. 8. 1882 Bertha Triendl, geb. Koch, Privatiers Gattin geb. 6. 5. 1829, gest. 11. 5. 1881 Franz Triendl Privat gest. am 16. Januar 1876 im 83. Lebensjahre, geb. 29. 8. 1793

Gedenktafel:

Franz Triendl 1793–1876
Erster Präsident der Handelskammer Salzburg
gewidmet von der Handelskammer Salzburg anläßlich ihres 120jährigen Bestehens am 30. September 1970

Kreuzigungsgruppe, Öl

Gruftinhaber:

um 1630 Christoph Töber
um 1650 Georg Jänkh
um 1670 Johann Laimprucher
um 1740 Sigmund Haffner
1797 den Triendl'schen gehörig
dzt. Erhaltung durch die Stadtgemeinde Salzburg

Name	Gestorben
Virgilius Mayrhauser	23. 9. 1667
Ferdinand Streidl	1750
Franz Späth	3. 11. 1781
Karoline Leithard	1869
Maria Anna Würstl, Apothekerswitwe von Schwaz	8. 9. 1825
Nothburga Azwanger, geb. Kaser, Handelsfrau	1. 5. 1841
Sylvester Werner, Handelsmann,geb. in München	15. 7. 1832
Frau: Cordula Werner, geb. Azwanger	26. 12. 1855
Franz Virgil Azwanger, Kaufmannssohn aus Rattenberg	21. 2. 1818
Benedikt Würstl, Kaufmann und Magistrats-rath, geb. in Schwarz	28. 11. 1848
Frau: Elise Würstl, geb. Azwanger	6. 4. 1845
Gedenktafel auf Holz:	
Maria Eleonore Azwanger, geb. Hafner, Handelsfrau	24. 7. 1786
Raimund Felix Azwanger, Stadtrath und Handelsmann	24. 8. 1804
Lotte Späth, geb. Dietrich	1814
Franz Xaver Späth, Großhändler, Bürgermeister	13. 2. 1858
Anna Maria Späth, Gattin	21. 8. 1874
Anna Maria Hafner, geb. Azwanger, Kaufmannstochter	23. 2. 1840
Raymund Felix Azwanger, Kaufmannssohn	15. 6. 1831
Nothburga Azwanger, Kaufmannstochter	15. 5. 1865
Franz Xaver Späth, Kaufmann, geb. zu Lama in Tirol	10. 2. 1804
1. Frau: Maria Elisabeth Hafner	1. 11. 1781
2. Frau: Maria Susanna Metzger	22. 3. 1821
Kinder der 1. Frau:	
Suanna Maria	18. 10. 1783
Maria Anna Antonia	17. 6. 1786
Josef Petrus	20. 12. 1792
Maria Elisabeth Clara	7. 12. 1805
Margaretha Eder	3. 8. 1956
Anna Eder	7. 4. 1971
Hans Eder	24. 1. 1974
Maria Eder	28. 7. 1977

Beweinung Christi, Öl

Gruftinhaber:

1666 Virgilius Mayrhauser als Abgeltung des Begräbnisrechtes in der St.-Gabriels-Kapelle

3. 11. 1781 Franz X. Späth und Raimund Felix Azwanger, durch Kauf

6. 8. 1876 Anna Leithner, durch Übergab

1930 Späth, Ruedorffer und Würstl's Erben

9. 8. 1940 Hermann Tagwerker und Hanß Hauß

19. 3. 1951 Hans Eder

Name	Gestorben
Aichholzer Georgius	23. 11. 1638
Benedikt Mauberger, Wundarzt am Waagplatz	17. 8. 1789
Alois Hauptmann	25. 6. 1854
Gattin: Anna, geb. Mauberger	19. 4. 1868
Josefine Feichtinger	23. 9. 1866
Crescenzia Mauberger, begraben in Morzg	23. 2. 1894
Franz Xaver Zeller, Wundarzt	27. 2. 1823
Gattin: Katharina Zeller, geb. Rautter und verw. Mauberger	5. 4. 1847
Alois Rautter, Oberaußschläger;	1834
Josef Haseneder	1806
Anna Rautter, geb. von Kruger, Oberaußschlägerswitwe	16. 1. 1843
Sohn: Joseph Rautter	17. 12. 1839
Anton Rautter	1813
Genovefa Rautter	1. 6. 1884
Karl Paul, geb. zu Ried	11. 3. 1845
Martha Pflanzl	9. 8. 1949
Otto Pflanzl	23. 9. 1943
Berta Pflanzl	27. 11. 1953
Heinrich Pflanzl, Prof.	29. 3. 1978

Gruftinhaber:

23. 11. 1630	den Aichholzer'schen gehörig
20. 4. 1705	Gregorius Eisenhurt
um 1796	Benedikt Mauberger, bürgerl. Wundarzt
1930	Mauberger u. Feichtingers Erben
8. 11. 1943	Berta Pflanzl
dzt.	Geschwister Pflanzl

Name	Gestorben
Maria Görzin	16. 7. 1633
Johann Grüntner	12. 7. 1703
Maria (Doctor) Lindtnerin	21. 7. 1734
Maria Anna Flatscherin	11. 12. 1798
Maria Theresia Flatscherin, Bierbräuin	13. 5. 1809
Mathäus Flatscher, Bierbrauer	14. 10. 1817
Mathäus Flatscher	8. 6. 1865
Juliane Praehauserin, geb. Sterzlin	5. 10. 1799
Johanna Ehsbaumer, vormals Flatscher, Bierbrauersgattin	10. 7. 1851
Georg Ehsbaumer, Bierbrauer	26. 5. 1856
Josef Ehsbaumer, Webermeister	12. 12. 1830
Franciska Niederhamer, Handelsfrau zu Friedburg	15. 3. 1818
Rupert Radauer	15. 12. 1870
Laura Radauer	24. 5. 1865
Ferdinand Sperl	23. 3. 1927
Franziska Sperl	14. 7. 1928
Maria Sperl	25. 6. 1967
Waltraud Rihl	4. 1. 1978
Ferdinand Sperl	24. 4. 1979

Gruftinhaber:

1633	Johann Peter Görz
9. 3. 1689	Johann Grüntner, Eisenhändler
20. 4. 1705	Maria (Doctor) Lindtnerin
um 1708	dem Stockhammer-Bräu gehörig
um 1790	Matthias Flatscher, bürgerl. Bierbräuer
1913	Theresia Flatscher
1930	Ehsbaumer-Flatscher's Erben
20. 9. 1949	August Sperl
1950	Ausbau zu einer Gruft

Name	Gestorben
Dr. Georgius Reiter	April 1643
Abraham Gmächl, 101 Jahre alt	10. 11. 1700
Apollonia Eschenbacherin	11. 12. 1800
Johann Nepom. Eschenbacher	13. 11. 1801
Josepha Eggin, geb. Eschenbacherin	9. 12. 1804
Maria Monika Neuhauserin, geb. Sterzlin	7. 6. 1807
Joseph Neuhauser, Wittw., Bierbrauer	12. 3. 1813
Johann Feichtinger	5. 4. 1875
Josef Hintner, Kaufmann in Radstadt	13. 3. 1864
Gattin: Theresia Hintner	11. 8. 1879
Geschwister: Anna Gschnitzer	23. 3. 1872
Ignaz Gschnitzer	3. 8. 1871
Therese Gschnitzer, Kaufmanngattin	4. 2. 1867
Therese Mayburger, geb. Hörwarter, Lehrers-Gattin	28. 9. 1854
Josef Daffinger	23. 7. 1932
Luise Daffinger	29. 12. 1972

Maria Heimsuchung, Öl, von Jos. Hintner, 1864

Gruftinhaber:

vor 1700	den Doctor Reiter'schen gehörig
um 1700	den Gmächl'schen gehörig
12. 2. 1733	Stift St. Peter, durch Kauf
vor 1850	Joseph Neuhauser, Freyhammer-Bräu
14. 12. 1850	Michael u. Anna Muhrhammer, durch Schenkung
10. 4. 1864	Theresia Hintner, Franz u. Theresia Gschnitzer, Gustav Trauner gemeinschaftlich, durch Kauf
1930	Theresia Mayer
30. 7. 1932	Luise Daffinger

Name	Gestorben
Ursula Holhurterin	8. 7. 1649
Johann Högler	24. 12. 1797
Theresia Höglin	21. 2. 1806
Ursula Maria Höglin	16. 10. 1808
Joseph Högler	17. 7. 1815
Elisabeth Höglin, k. k. Rath und Oberpostrev.-Gattin	28. 5. 1820
Wilhelm Brandstätter, Stiefsohn	11. 6. 1820
Anton Högler, Steinmetz	1. 10. 1825
Sebastian Högler, Gastwirth Zur goldenen Sonne	15. 2. 1824
Gattin: Anna Maria Höglerin	1. 5. 1817
Cajetan Schneeberger	14. 5. 1888
Gattin: Walburga Schneeberger	2. 11. 1858
Anna Beinkofer	18. 7. 1876
Johann Krönigsberger	19. 1. 1932
Maria Krönigsberger	18. 8. 1959
Augustin Schebor	24. 12. 1945
Anna Schebor	18. 6. 1962
Rudolf Schebor	7. 7. 1969
Charlotte Schebor	9. 8. 1975

Gruftinhaber:

8. 8. 1631 Johann Holthurter, beider Rechte Doktor, durch Verleihbrief
18. 8. 1705 Christoph Ernst Hirtl, hochfürstl. Cammerdiener
10. 7. 1778 Johann Högler, Hof-Steinmetzmeister
1859 Franziska Pichler, Hälfteanteil
11. 11. 1862 Cajetan Schneeberger
1930 Georg Schneeberger u. Lora Schuhmacher
16. 1. 1932 Maria Krönigsberger
dzt. Rudolf Schebor

Name	Gestorben
Christoph Thilli	29. 9. 1656
Barbara Eberlin	17. 7. 1806
Wolfgang Thilli	31. 8. 1659
Rupert Pflanzmann	28. 3. 1853
Anna Edle von Pflanzmann	24. 5. 1853
Felix Pflanzmann v. Schalmoos	11. 3. 1695
Prudentia Pflanzmann, geb. Sturmin	11. 5. 1710
Jungfrau Susana Hutter, geb. zu Piesendorf	7. 10. 1865
Jungfrau Anna Hutter, geb. zu Piesendorf	6. 9. 1868
Anton Hutter, Consistorial-Rath, geb. zu Piesendorf	7. 3. 1878
Anselm Böhmer Fr.	24. 8. 1936
Johann Eising	9. 12. 1937
Wilhelm Richter Fr.	26. 2. 1939
Martin Berger	9. 8. 1943
Balthasar Atz	13. 4. 1949
Alois Weißbacher	20. 12. 1950
Hermann Spiess	2. 1. 1951
Josef Rauter	22. 1. 1951
Paul Heinisch Dr.	22. 3. 1956
Franz Xaver Saigger	12. 6. 1957
Franz Rieder	20. 5. 1961
Peter Adamer Dr.	14. 9. 1961
Arno Franz Binna	4. 1. 1962
Georg Giglmayr	28. 6. 1967
Heinrich Weidler	28. 8. 1975

Auferstehung, Relief, Holz gestrichen (stammt aus Wals)

Gruftinhaber:

um 1650 Wolfgang Thilli, Apotheker
3. 2. 1680 Felix Pflanzmann, Doktor der Rechte
28. 9. 1865 Anton Hutter, Domscholasticus, durch Kauf
1930 Priestergruft

Name	Gestorben
Elias Schlager	4. 12. 1633
Johann Joachim Kolb	2. 4. 1817
Franz Anton Schaffer, Großhändler	23. 12. 1825
Therese Schaffer, geb. Späth, Großhändlerswittwe	13. 5. 1870
Carl Roll, Hauptmann	31. 5. 1862
Theresia Roll, geb. Schaffner, Hauptmannswittwe	28. 7. 1880
Anton Schaffner, Bezirksvorsteher	4. 9. 1866
Auguste Fenzl, geb. Schaffner, Oberlandesgerichtsrath-Wittwe	3. 9. 1879
Wilhelm Fenzl, Hörer d. Medizin	27. 11. 1871
Josef Mauth, Bezirkshauptmann	20. 8. 1857
Josefa Schaupp, geb. Kammerlohr, Landrichterswittwe	16. 3. 1862
Karl Roll	28. 6. 1934
Anna Rauscher-Schmalfuß	6. 3. 1944
Maria Roll	5. 6. 1950

Gemalte Architektur, Öl auf Kupfer

Gruftinhaber:

vor 1708	den Schlager'schen gehörig
um 1800	Johann Joachim Kolb, Spediteur
23. 8. 1819	Anton Schaffer, Handelsfaktor
1930	Dr. Karl Roll
dzt.	Dr. Julius u. Dr. Erna Atzenhofer-Baumgartner

Name	Gestorben
Johann Bernhard Vogl, Goldschmied	Juli 1638
Johann Grüntner	12. 7. 1703
Ludovicae Lanckoronska	20. 4. 1839

Relief, Marmor, von Ludwig Schwanthaler

Gruftinhaber:

um 1629	den Vogel'schen gehörig
6. 4. 1678	Johann Gründtner, Eisenhandelsherr
1830	Heimfall wegen Baufälligkeit
9. 11. 1838	Luise Gräfin Lanckoronska
1930	Anton Graf Lanckoronska

Name	Gestorben
Virgilius Eisenhurt	Jänner 1636
Maria Martha Muraltin, Landsch. Canzlerin	9. 7. 1742
Franz Anton Muralt	13. 8. 1762
Gattin: Maria Cordula, geb. Kaltenhauserin	17. 1. 1766
Theresia Oberfriningerin	3. 2. 1796
Johann Georg Oberfrininger	1. 3. 1802
Johann Georg Oberfininger	15. 3. 1867
Gattin: Genovefa, geb. Freyin von Berchtold zu Sonnburg, geb. in Lofer	20. 9. 1863
Anna Weber, geb. Oberfrininger, Consitorials Gattin (gewidmet: Maria Schreyer, Friederike Gehmacher)	13. 9. 1843
Franz Anton von Berchtold zu Sonnenburg, Rath u. Pfleger v. Lofer	14. 3. 1809
Tochter: Anntonia	23. 9. 1823
Reichsfreyin Friederike von Sternbach, zu Stock und Luttach, geb. Oberfrining	25. 3. 1879
Rosina Gummer	25. 3. 1806
Maria Cordula Josepha Hamplmannin	21. 3. 1809
Josef Hampelmann	9. 7. 1809
Adalbert Behr	4. 7. 1931
Crezentia Behr	5. 9. 1943
Anton Schmid, Dr.	17. 1. 1952
Johann Spritzendorfer	15. 10. 1960
Franz Gritsch	3. 6. 1961
Alban, Löwenstein Prinz zu	10. 3. 1964
Franz Dürnberger	4. 2. 1974
Hans Magreiter	19. 7. 1975

A. Behr und C. Behr, Porträte, Öl

Gruftinhaber:

um 1629	den Eisenhurt'schen gehörig
16. 9. 1738	Franz Anton Muralt, Handelsherr, durch Kauf
1930	Paula Schreyer
4. 12. 1931	Kreszentia Behr
2. 10. 1943	Dr. Gotthard Candido
1. 1. 1973	Eb. Ordinariat

Name	Gestorben
Johannes Schwabengruber	14. 11. 1629
Marcellinus Knoblach	4. 4. 1669
Rosa von Siborn	8. 4. 1793
Barbara Römerin	16. 6. 1793
Joseph Anton Römer	20. 5. 1804
Karl Anton von Bibern	4. 10. 1804
Felix von Waltenhofen	10. 1. 1809
Alexander Moser, Bierbräuer	28. 7. 1830
Alexander Moser, Bräuer (von seiner Gattin Theresia)	7. 5. 1877
Alexander Moser, Bierbräuer	25. 8. 1856
Johann Moser	3. 5. 1863
Karl Moser	17. 5. 1863
Kasper Moser	21. 2. 1862
Klara Moser, Wittw. Bierbräuerin	10. 10. 1891
Martin Diermayer, Bierbräuer, geb. zu Ramersberg bei Ried	24. 7. 1840
Josef Russegger, 1. Magistratsrath	30. 3. 1830
Johann Nepomuk Gotter	24. 7. 1865
Joan Janschek	9. 12. 1866
Karl Janschek	1. 7. 1869
Amalia Janschek, geb. Gotter	4. 10. 1875
Valentin Janschek	20. 8. 1947
Albert Janschek	4. 2. 1975
Maria Janschek	27. 5. 1977

Engel mit Posaune, Öl

Gruftinhaber:

1629	Hans Schwabengruber
9. 1. 1667	Marcellino Knoblach, hochfürstl. Cammerrath, durch Kauf
ca. 1790	den Römer'schen gehörig
um 1793	den Liborn'schen gehörig
um 1850	Alexander Moser, Kasererbräu
1930	Maria Dirnhofer
1. 11. 1945	Prof. Valentin Janschek
dzt.	Elfriede Kaserer

Name	Gestorben
Thomas Hohenleitner	Sept. 1639
Junkhfrau Maria Anna Bergaminin	23. 1. 1696
Geschwister: vier Knaben und vier Mädchen	
Jungfrau Anna Elisabeth Freysaufin	1. 5. 1701
Christoph Bergamin, Handelsherr	22. 5. 1704
Katharina Bergaminin geb. Paurnfeindtin, Gattin des Christophen Bergamins	10. 9. 1733
Anna Walburga Paurnfeindtin, Ehefrau der Christian Paurnfeind	25. 4. 1716
Christian Paurnfeindt, Spezereihändler	5. 7. 1718
Gattin: Anna Clara Paurnfeindin	22. 3. 1737
Johann Christian Paurnfeind, Bürgermeister und Kaufmann	10. 1. 1768
Maria Francisca Paurnfeindin, geb. Pachmayrin, Bürgermeisterin	7. 4. 1772
Joseph Paurnfeind, Gewürz-Händler und Bürger u. Rathsherr	
Johann Anton Paurnfeind, Kaufmann	1787
Johann Josef Paurnfeind, Versatzamt Verwalter	24. 3. 1798
Johann Dismas Paurnfeind, Domkapitularischer Verwalter	1811
Maria Katharina Paurnfeindin, geb. Koller	1800
Maria Margaretha Josepha Paurnfeindin, geb. Kastner	25. 5. 1757
Maria Regina Paurnfeindin, Verwaltersfrau	10. 5. 1788
Katharina Paurnfeindin, geb. Oberhauser, Domkapit. Kastners Frau	20. 9. 1797
Francisca Paurnfeind	1818
Maria Elisabeth Freysaufin geb. Schallhamerin	30. 5. 1792
Maria Emerenzia Alterdinger, geb. Paurnfeindin	1771
Johann Sebastian Freisauff von Neidegg, Handels Faktor	29. 3. 1767
Maria Elisabetha Zillner, geb. Paurnfeindin Gattin des Balthasar Zillner, Hofgerichts Sacretari	8. 8. 1716

Name	Gestorben
Andreas Pachmayr	21. 9. 1742
Sigmund Paurnfeind	1. 10. 1869
Gattin: Maria, geb. Köhler	10. 7. 1874
Katharina Paurnfeindin,	
geb. Donauer Rittmeistersgattin	29. 5. 1876
Josef Paurnfeind, Rittmeister	9. 3. 1886
Elisabeth Paurnfeind, geb. von	
Ramkenbichler, Pflegerswittwe	29. 6. 1860
Christian Paurnfeind, Leihhausverwalter	20. 4. 1841
Gattin: Johanna, geb. von Auer	26. 5. 1874
Betty von Engert, geb. Lanser und Festenstein	26. 7. 1872
Christian Paurnfeind, Kaufmann	11. 9. 1835
1. Frau: Elise, geb. Wieninger von Vilshofen	21. 2. 1810
2. Frau: Barbara, geb. Roux	1. 3. 1831
Kinder: Katharina, Christian und Hedwig	
Carl von Lanser	11. 4. 1869
Caspar Freysauf, Gattin Anna Maria	
geb. Paurnfeindtin und Kinder:	
Josef Antoni	
Franz Domenicus	
Franz Vital	
Kaspar Kajetan	
Johann Christof	
Magdalena Barbara	
Maria Theresia	
Maria Emerentia	
Clara Ehrentraud	
Anna von Bauernfeind	15. 6. 1794
Constantia von Bauernfeind	13. 10. 1794
Magdalena Bauernfeindin	4. 7. 1799
Theresia von Bauernfeindin	26. 7. 1800
Joseph von Bauernfeind	7. 3. 1802
Katharina von Bauernfeind	14. 6. 1802
Franz Cajetan von Bauernfeind	12. 4. 1803
Elisabeth von Bauernfeindin	21. 2. 1810

Name	Gestorben
Johann Bauernfeind	21. 10. 1811
Anna Bauernfeind	24. 6. 1821
Ditmar Bauernfeind	4. 9. 1855
Ignaz Pauernfeind	21. 5. 1867
Katharina Pauernfeindin	29. 5. 1876
Aloisia Bliem	11. 11. 1976
Josef Dietz	18. 3. 1952
Amalia Dietz	22. 12. 1971

Gruftinhaber:

vor 1700	den Hochenleithner'schen gehörig
um 1700	den Pauernfeind'schen gehörig
1930	Betty Tomasini
16. 1. 1950	Josef Dietz
dzt.	Hans und Siegfried Dietz

Name	Gestorben
Francisca Augustini	1. 8. 1837
Georg Lobmayer	26. 3. 1841
Simon Lobmayr, Caffetier	21. 2. 1870
Gattin: Elise, geb. Kirchberger	11. 6. 1882
Fanny Lorenz, Landrathtochter, geb. zu Linz	6. 4. 1866
Georg Sachs Dr.	23. 5. 1944
Aloisia Sachs	18. 5. 1945
Margarethe Sachs	5. 12. 1973
Josef Klein	7. 6. 1938
Anna Klein	3. 5. 1945
Herbert Klein, Dr.	29. 11. 1972
Richard Klein	31. 10. 1979

Maria Himmelfahrt, Öl

Gruftinhaber:

um 1708	den Pauernfeind'schen gehörig
um 1800	denen v. Ris gehörig
20. 12. 1837	Elisabeth Lobmayr, durch Kauf
1930	Lobmayr's Erben
8. 7. 1932	Josef Klein
dzt.	Josef Klein und Anna Feichtner

Name	Gestorben
Johannes Schinagl	Feb. 1642
Wolfgang Hagenauer, Bauamtsverwalter und Lehrer der Baukunst	16. 12. 1801
Gattin: Elisabeth Hagenauerin	23. 2. 1801
Anna Hagenauerin, geb. Bauernfeindin	29. 4. 1800
Magdalena Hagenauerin	9. 5. 1812
August Hagenauer	13. 2. 1821

Christus am Ölberg, Öl

Gruftinhaber:

8. 8. 1631	Hans Schinagl, Handelsmann
um 1790	Wolfgang Hagenauer, hochfürstl. Bauverwalter
1930	Stift St. Peter
1. 8. 1977	Metropolitankapitel von Salzburg

Name	Gestorben
Joachim Vital von Hermes zu Fürstenhof, Hofrath und Pfleger zu Staufenegg	18. 5. 1793
Gattin: Maria Theresia von Hermes, geb. von Edlenbach	22. 4. 1798
Franz Xaver König von Paumshausen, Cassa Verwalter	29. 10. 1832
Gattin: Theresia geb. von Hermes	14. 2. 1832
Agnes Zillnerin, geb. Haittenthalerin, Gattin des Abraham Zillner, Handelsmann	14. 7. 1675
König Amalia	7. 9. 1811
überführt vom Kommunalfriedhof:	
Franz Ellmauer	
Josefa Ellmauer	
Maria Ellmauer	
Otto Ellmauer	
Aloisia Gyri	15. 4. 1948
Karoline Ellmauer	10. 10. 1944
Anna Ellmauer	26. 3. 1958
Franz Ellmauer	30. 12. 1966

(Thema nicht sichtbar), Öl

Gruftinhaber:

um 1630	dem Frombholzer'schen gehörig
um 1668	Peter u. Margaretha Hueber
um 1790	denen v. Hermes gehörig
1930	Emerich v. König
9. 12. 1931	Franz Ellmauer
20. 6. 1969	Dr. Erwin Dopf

Kommunegruft

Adolf Karl	5. 3. 1932
Johann Gartner, Prof.	29. 5. 1959
Josef Steiner	23. 12. 1967
Eleonore Plaz	30. 12. 1978

IN HOC
COMUNI DORMITORIO
Quod ano 1769 fuit extructum
POST
TUMBAM
ubi dormiunt in terrae pulvere
EXPECTANT TUBAM
Evigilabunt ad vitam aeternam

In dem Jahr 1769 wird ein Comun Kruft im sogen. Armen-Seellen Stöckl errichtet, gegen 10 f. (Gulden) Örtl Geld für den Kopf, wohin noch dieses Jahr der allererste aus allen ist geleget worden.

1769 d. 9. Dezember:	Anton Sailler
1771 d. 26. Juny:	Sewastian Wilhelm Lürzer
1771 d. 24. November:	Peter Felber
1772 d. 23. Oktober:	Wölfel Umgelter
1773 d. 9. May:	Maria Anna von Lirzer
1773 d. 7. September:	Anton Hauser
1773 d. 26. Dezember:	Mathias Rettenstainer
1774 d. 9. April:	Rosina von Wartenberg
1774 d. 21. Juny:	Maria Theresia Rißin
1775 d. 15. Hornung (Februar):	Leonhard Lidl
1775 d. 27. Juny:	Maria Theresia von Lirzern
1776 d. 2. May:	Jakob Lanzenberger
1778 d. 16. Julii:	Catharina Dellmorin
1779 d. 27. Februar:	Maria Auerin
1779 d. 14. Junii:	Leopold Brauner
1780 d. 3. Junii:	Maria Anna Sgottscheyin
1780 d. 17. September:	Caspar Pals
1781 d. 4. Januar:	Anton Staiger
1781 d. 12. Januar:	Martin Mayr
1781 d. 3. October:	Catharina Schiferin
1781 d. 7. Oktober:	Margaretha Schlauckha
1782 d. 30. Januar:	Maria Martha Michlin
1782 d. 23. Februar:	Anton Matthäus Pröz
1782 d. 17. April:	Maria Barbara Winterin
1782 d. 31. Julii:	Joseph Gitzlmiller
1783	wurde Niemand hinein begraben
1784 d. 19. Martii (März):	Anton Köllerer
1784 d. 15. Maii:	Franz Felberer
1785 d. 6. April:	Joseph Adam Sgottschey
1785 d. 30. Dezember:	Erentraud Lidlin
1786 d. 17. Februar:	Matthias Karl Jaut

Nach dessen Einsegnung, weil die Gruft schon ziemlich angefüllt, und nebenbey eine kalte und gesunde Witterung ware, wurden von 10 Personen die Gebeine herausgenommen und zu unterst in der Gruft herumgelegt, die Truchen aber, und aller anderer Unrath herausgeräumt, wofür ab inder Person 20 x (Kreuzer) mithin für alle zehen 3 f. 20 x bezahlt wurden. Nebst diesem wurden 4 Truchen abgedeckt, und die ganze Gruft gesäubert, für welches auch 20 x bezahlt wurden.

1786 d. 10. April:	Johann Lorenz Dellmor
1787 d. 27. November:	Nikolaus Perot
1788 d. 19. Februar:	Anton Fleckleuthner
1788 d. 1. April:	Maria Anna Dauscherin
1788 d. 23. August:	Maria Josepha von Lierzer
1789 d. 23. May:	Joseph Anton Michl

1806 d. 13. August	Johann Michael Haydn

Uhr 1/2 2 der wohledlgeborene sehr berühmte Herr Johann Michael Haydn, Kurfürstl. Salzburg. Concertmeister und Hoforganist, nach der 3. Civil Claße. Ist den 10. Uhr 9 abends an der Entkräftung gestorben. Den 14. Uhr 9 Requiem, Vigil, Opfer, Libera 3 f., Leviten 1 f. 20 x, Musik 4 f. 6 x, Hl. 8 Messen 4 f. von jeder 3 x = 24 x, Messner und Geläut zum Requiem 2 f. 24 x, Tumba Errichtung 1 f., Ministranten 30 x, Geläut 1 f. 30 x, Beleuchtung 2 f. 24 x, Commun Gruft 10 f. Alter 68 Jahre.

N. S. Die Aussegnung, Begleitung vom Hause her, Einsegnung und das Requiem hielt sein guter Freund H. P. Werigand Rettensteiner Benediktiner im Stifte Michaelbeuern und d. Z. Pfarrer in Seewalchen, der deswegen hergereiset war. Die Dom Clerisey und Hofmusik begleitete die Leiche unter Absingung des Psalms Miserere und mit Spielung der Posaunen bis zum Grabe; bey den Franziskaner Säulen tratten auch die St. Petrischen Musikanten bey. Neben der Commun Gruft wo er eingesenket worden war, sangen alle zusammen ein schönes Libera. Auf die Bitte der Hofmusikanten erlaubt das hochwürdige Consistorium ein lateinisches Requiem zu machen, das er für Ihre Majestät der Kaiserin aufzuführen angefangen, nur aber bis in das Dies irae hinein fortgesetzet hatte. Von da aus fiell die Musik in ein älteres von Ihm verfertigtes ein. Das erstere zu vollenden hatte Ihn die lange währende Krankheit verhindert. Weil Donnerstag war sonst die Dom-Musik wegen des Amtes und der gewöhnlichen Prozession vor 10 Uhr nicht eirscheinen, und das Requiem nicht angefangen werden, welches erst nach Uhr 11 geendiget worden ist. Die Kirche war mit Zuhörern angefiellet. Sein Name war als Compositeur, Organist und Concertmeister und besonders wegen der Kirchen Compositionen sehr weit berühmt. Spanien, der Österreichische Kaiser Hof ließen von ihm Ämter und andere Kirchen Stücke verfertigen. Seine Arbeiten sind von allen Orten auch in Schweden gesuchet, wo er vom Könige als Mitglied der Königl. Kapelle Motu proprio cum Diplomate frey ist begnädiget worden.

Auszug aus dem Totenbuch

J. Michael Haydn (siehe Text Seite 221)

Urne: J. Michael Haydn (siehe Text Seite 221)

1829 d. 29. Oktober: Maria Anna v. Sonnenburg geb. Mozart

Den 31. abends 1/2 5 Uhr die Wohlgeborene Frau Maria Anna, Freyfrau von Sonnenburg, geborne Mozart, Pflegers Wittwe von St. Gilgen, 78 Jahre alt; gestorben den 29 ten mittags 1/2 1 Uhr an Entkräftung. II. Civ. Cl.
Geläut 2 f., Requiem 4 f., Leviten 1 f.40, 12 heil. Beymessen 6 f. Von jeder 3 x = 36 x. Musik 5 f.6. Wegen lateinischer Musik daraufbezahlt 2 f.24. Mesner und Geläut zum Requiem 3 f. Tumbaerrichtung 1 f.36. Ministranten 36 x. Commungruft 10 f.

(Auszug aus dem Totenbuch)

Aufgelassene Grüfte

Gruft Nr. I, II und III (im unteren Friedhof) – nicht mehr bestehend.
Die Grüfte I, II und III wurden 1705 bei Sakristeibau abgetragen.

Besitzer waren:

Gruft I und II	um 1650	August Claner
	um 1670	Hans Feyersenger
	vor 1690	Dr. Franz Mayr
	25. 8. 1690	Franz Kimpfler durch Kauf
Die Gruft III	4. 10. 1675	Franz Kimpfler durch Kauf
	10. 3. 1703	Maria Catharina Lindtnerin und Gregorius Eisenhurt durch Kauf

Am 20. 4. 1705 erhielten wegen Abbruch dieser 3 Grüfte:
Franz v. Kimpfler das Begräbnisrecht in der Stiftskirche (beim Ausgang in den Kreuzgang)
Maria (Doctor) Lindtnerin die Gruft Nr. XLII
Gregorius Eisenhurt die Gruft Nr. XLI

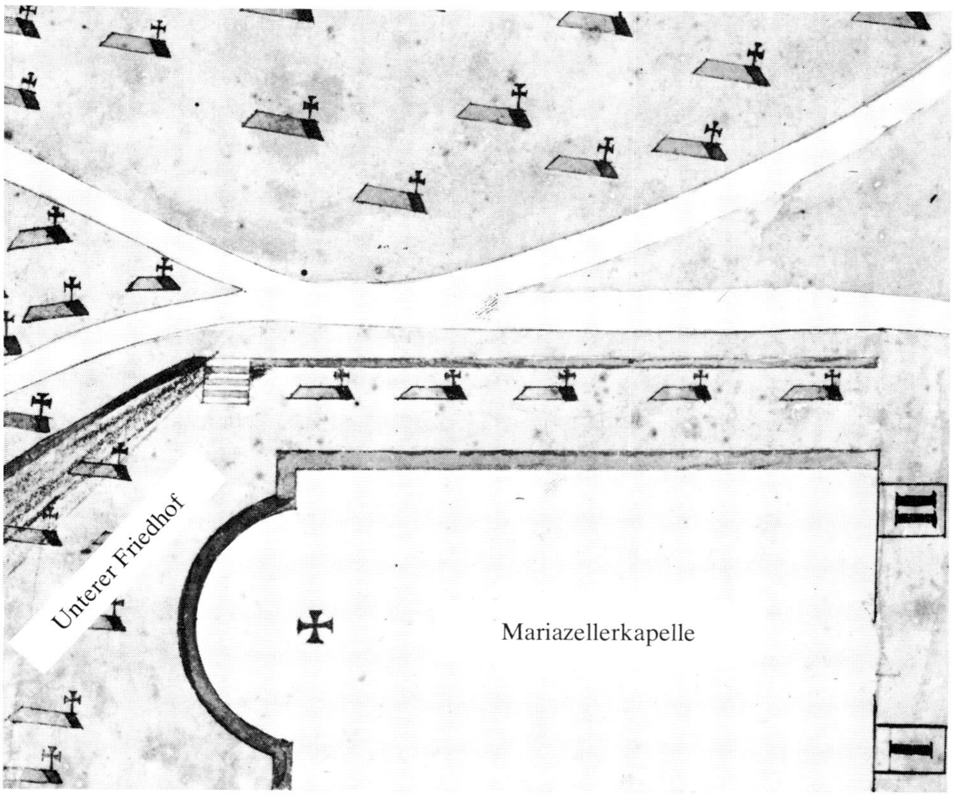

Gruft I, II und III (nach dem Plan aus dem Jahre 1820)

Gruft I (links vom Eingang in die Mariazellerkapelle – jetzt Erdgruft Nr. 400/14)
Besitzer: Um 1800 Franz Xaver Braun
30. 9. 1841 Alois Lindner durch Kauf
13. 4. 1852 Gustav Lanzoni durch Kauf
Beerdigt: Wenzelaus Braun 8. 5. 1800
Elisabeth Braunin 22. 12. 1805
Emilie Ranzoni geb. v. Hild 7. 4. 1852

Gruft II (rechts von Eingang in die Mariazellerkapelle – nicht mehr bestehend)
Denkmäler bzw. beerdigt:
Sebastian Eder 14. 11. 1611
Ruhestätte der Ritter und Edlen
Kronhauser v. Sternfeld 1687–1786
Magdalena Caldonazi v. Rothentahl 26. 10. 1800
Theresia Edelmannin 2. 7. 1792
Elisabeth Steinerin 13. 1. 1801
Johann Steiner 8. 11. 1804
Johann Joseph v. Koch-Sternfeld 28. 3. 1825
Anna v. Koch-Sternfeld 2. 5. 1837

Gruft Nr. III (an die alte Stützmauer im unteren Friedhof angebaut – nicht mehr bestehend)
Diese Gruft war bereits um 1830 verfallen und wurde im Juni 1839 beim Umsetzen und Ausbessern der Stützmauer aufgelassen. Letzter Inhaber Konsistorialrath Krömer.

Name	Gestorben
Hier beerdigt:	
Kaspar Helmreich	3. 4. 1690
Catarina Helmreichin	28. 4. 1712
Adam Ingerl	5. 3. 1723
Salome Ingerlin	22. 7. 1727
Anton Pröz	26. 6. 1730
Johann Franz Anton Prötz	5. 6. 1780
Martin Adam Prötz	20. 6. 1782
Anna Theresia Prötz	12. 2. 1791
Marianne v. Helmreich	1. 7. 1792
Joachim Anton Steger	4. 8. 1792
Johann Ernst v. Helmreich	3. 1. 1795
Leonhard Anton Baron Fais v. Tiefenfeld	23. 4. 1795
Joseph v. Helmreich	21. 4. 1801
Clara v. Helmreich, geb. v. Moll	25. 2. 1802
Johann Wenzel Helmreich v. Brunnfeld	16. 5. 1803
Maria Anna Stegerin, geb. Helmreich	3. 5. 1807
Andre Franz Gorian	20. 7. 1817

Nicht mehr bestehend, die hier Beigesetzten wurden z. T. auf den Kommunalfriedhof überführt.

Name	Gestorben
Franz Cajetan Krauß	13. 12. 1764
Vinzenz Spängler	23. 4. 1792
Maria Leopoldina Gorianin, geb. Spängler	12. 9. 1794
Maria Anna Frankenbergerin, geb. Prötz	29. 3. 1801
Anton Nikoladoni	19. 5. 1806
Stephan Haas	20. 3. 1810
Theresia Spängler, geb. Metzger	13. 2. 1814
Joseph Spängler	14. 4. 1819
Anton Nikoladoni	25. 4. 1821
Antonia Spängler	26. 1. 1849
Maria Elisabeth Spängler, geb. Auer	5. 3. 1870
Anna Lürzer v. Zehendthal	17. 11. 1866
Franz Lürzer v. Zehendthal	10. 10. 1870
Maria Lürzer v. Zehendthal, geb. Spängler	15. 11. 1880

Sigmund Haffner
geb. 1699
gest. 12. 1. 1772
Ehrengrab der Stadt Salzburg

Heinrich Mertens, Ritter von
geb. 28. 4. 1811
gest. 26. 10. 1872
26. Ehrenbürger der Stadt Salzburg, seit 17. 12. 1866

Richard Mayr
geb. 18. 10. 1877
gest. 1. 12. 1935
56. Ehrenbürger der Stadt Salzburg, seit 26. 9. 1927

Gedenkstätte der Familie Kleinmayrn

Verzeichnis der Gruftinhaber

(Stand 1980)

Name	Gruft-Nr.	Name	Gruft-Nr.
Amerhauser Albert	XXI	Mayer Josef	XIII
Atzenhofer, Dr. Julius u. Erna	XLVI	Metropolitan Kapitel	XXXI
Daffinger Luise	XLIII	Metropolitan Kapitel	LII
Dietz Hans u. Siegfried	L		
Dopf Erwin, Dr.	LIII	Opferkuch Heinz, Dr.	III
Eder Hans	XL	Oplatinen v. St. Peter	X
Eder Josef	XXVI	Paulus Ferdinand	IVa
Eibl Maria	XVIII	Pflanzl, Geschwister	XLI
Erzdiözese Salzburg	XLVIII	Pretsch Walter	IX
Feichtner Anna	LI	Priestergruft	XLV
Feichtner Hans	V		
Fendt Bertas Erben	I	Schebor Rudolf	XLIV
Fürst Adolf u. Herbert	VIII	Scheibl Eligius, Dr.	XIV
Gampp Lola	XXXIV	Schoberleitners Erben	XIX
Gessele Liselotte	XXVIII	Schraffl Hans	XXIII
Gramiller Max	XXIX	Schramm Josef	XXXVII
Haidenthaller Anton	IV	Schueller Albert, Dr.	XIX
Hirsch Auguste	XXXVIII	Schweinbach Frieda. Dr.	II
Irresbergers Erben	XXVII		
Kapsreiter Gustav	XXXIII	Singer Kurt, Dr.	XI
Kaserer Elfriede	XLIX	Sperl August	XLII
Kastner Else	VII	Swoboda Margarethe	XVII
Keldorfers Erben	XXXII	Stadtgemeinde Salzburg	XXXIX
Kiener Heinrich	XXX	St. Peter	XVI/LIV
Klein Josef	LI	Steiner Maria	XV
Kröll, Geschwister	XX	Straßer Anton	VI
		Stürmer Hans	XXXV
Lanckoronski Anton	XLVII		
Lang Rosemarie	XXIV	Thorak Erna	XXV
Liemberger Hedwig	XXXVI	Tomaselli Karl	XXII

Verzeichnis der in den Grüften I–LIV beigesetzten Personen

Namen teilweise nicht mehr vorhanden

Name	Gruft-Nr.	Name	Gruft-Nr.
Adamer Peter	XLV	Baldi Gregor	XXXIV
Aglassinger Joseph	XXXIV	Baldi Julius	XXXIV
Aichholzer Georgius	XLI	Baldi Magdalena	XXXIV
Aichhornerin Barbara	IV	Baldi Magdalena	XXXIV
Aichinger Philipp	XXIX	Bauer Maria	VII
Aichner Katharina	XXIX	Bauernfeind Ignatz	XXXIII
Alexy Vinzenz	X	Bauerfeind Josefa	XXXIII
Alexy Katharina	X	Bauerfeind Carl	XXXIII
Alexy Maria	X	Bauerfeind Maria	XXXIII
Alterdinger Maria	L	Bauernfeind Josepha	XIII
Aman Franz	XXIV	Bauernfeind Anna	L
Amerhauser Kurt	XXI	Bauernfeindin Anna	L
Amerhauser Simon	XXI	Bauernfeind Constantin	L
Amerhauser Maria	XXI	Bauernfeindin Elisabeth	L
Amerhauser Maria	XXI	Bauernfeind Franz	L
Angele Christian	XXX	Bauernfeind Johann	L
Angele Johanna	XXX	Bauernfeind Johann	L
Antonin Johann	XXX	Bauernfeind Joseph	L
Atz Balthasar	XLV	Bauernfeindin Katharina	L
Atzwanger Raimund	XXXIX	Bauernfeindin Magdalena	L
Auer Christian	XXXII	Bauernfeindin Theresia	L
Auer Wilhelm	XXXII	Baumgarten Rosa u. E.	XXIV
Auer Johann	XXXII	Baumgartner Helena	XVIII
Auer Christoph	XXXII	Baumgartner Helene	XXI
Auerin Elisabeth	XXXII	Baumgartner Josefine	XXI
Auer Anton	XXXVIII	Baumgartner Rudolf	XXI
Auer Johanna	L	Baumgartner Sebastian	XLIII
Augustini Francisca	LI	Beer Georg	XX
Azwanger Anna	XL	Behr Adalbert	XLVIII
Azwanger Cordula	XL	Behr Creszentia	XLVIII
Azwanger Elise	XL	Beinkofer Anna	XLIV
Azwanger Franz	XL	Berchtold Josefine	XXXIX
Azwanger Josefa	XXIX	Berchtold zu Sonnenburg	XXXIX
Azwanger Maria	XL	Berchtold Antonia	XLVIII
Azwanger Nothburga	XL	Berchtold Franz	XLVIII
Azwanger Nothburga	XL	Berchtold Genofeva	XLVIII
Azwanger Raimund	XL	Berganinin Christoph	L
Azwanger Raymund	XL	Berganinin Katharina	L
		Berganinin Maria	L
Baldi Franziska	XXXIV	Berger Martin	XLV
Baldi Friedrich	XXXIV	Bergmair Johanna	VIII

Name	Gruft-Nr.	Name	Gruft-Nr.
Bernetz Hannß	X	Dannerin Maria	XXXVII
Bibern Karl	XLIX	Dederichs Klara	X
Binna Arno	XLV	Demling Franz	XXXI
Bliem Aloisia	L	Demling Maria	XXXI
Böcken Anna	IV	Diebold Johann	XIV
Böcken Johann	IV	Diermayr Martin	XLIX
Böcken Johann	IV	Dietrich Lotte	XL
Bogdan-Sturmbruck Elisabeth	I	Dietz Josef	L
Böhm Elsa	XXXIX	Dietz Amalia	L
Böhm Wenzl	XXXII	Dillersberger Josef	XXXI
Böhmer Anselm	XLV	Donauer Katharina	L
Bolland Maria	XVI	Döstler Anna	XXXVI
Bordogni Josefine	XXXIX	Draxler Matthäus	XII
Bramberger Franziska	XXII	Draxler Andreas	XII
Brameshuber Franz	V	Draxler Sebastian	XII
Brameshuber Barbara	V	Draxler Marie	XII
Brandstätter Wilhelm	XLIV	Duelli Johann Franz	XX
Branick Eugen	XX	Duelli Joseph	XX
Branick Johanna	XX	Dürnberger Franz	XLVIII
Brauner Elisabeth	I		
Brauner Wenzelaus	I	Eberlin Barbara	XLV
Braunin Maria	XXXI	Edelmannin Theresia	II
Bregovay Anna	XXXIII	Eder Lore	XXVI
Brentana Martha	XXII	Eder Margaretha	XL
Bruggnerin Katharina	XXIX	Eder Anna	XL
Büchelmayr Johann	XVI	Eder Hans	XL
Buchner Susanne	XXXVIII	Eder Maria	XL
Bürgler	XII	Eder Josef	XXVI
		Eder Johann	XXVI
Caldonazi Maria	II	Eggin Josepha	XLIII
Carlin Elisabeth	XXV	Ehsbaumer Johanna	XLII
Carl Richard	XXV	Ehsbaumer Josef	XLII
Claner Augustin	IV	Ehshamer Georg	XLII
Corrigan Maria	V	Eiberger Josepha	XXXVIII
Coudenhove Friedrich	XXIII	Eibl Franz	XVIII
Csorich Sophie	I	Eichschmied Katharina	XXXI
		Eichschmied Gertraud	XXXI
Daffinger Josef	XLIII	Eisendle Richard	XI
Daffinger Luise	XLIII	Eisendle Ida	XI
Dallinger Anton	XVII	Eisendle Hilde	XI
Dallinger Rudolf	XVII	Eisenhurt Gregorius	IV

Name	Gruft-Nr.	Name	Gruft-Nr.
Eisenhurt Virgilius	XLVIII	Flatscher Mathäus	XLII
Eisenhut F.	XLII	Flatscher Mathäus	XLII
Eising Johann	XLV	Flatscherin Maria	XLII
Ellmauer Franz	LIII	Flatscherin Maria	XLII
Ellmauer Josefa	LIII	Flatscher Theresia	XLII
Ellmauer Maria	LIII	Fleckh Melchior	IV
Ellmauer Otto	LIII	Fleckh Barbara	IV
Ellmauer Karolina	LIII	Fliehser Anna	XXXIX
Ellmauer Anna	LIII	Foh Katharina	XXIX
Ellmauer Franz	LIII	Frankenbergerin Maria	LV
Engert Betty	L	Frauenlob Christoph	XIV
Englisch Helga	XXXV	Freysauf Katharina	XIX
Eschenbacherin Apollonia	XLIII	Freysauf Kaspar	XIX
Eschenbacher Johann	XLIII	Freysauf Benedikt	XIX
Eschenbacher Josepha	XLIII	Freysauf Anna	XIX
Espenbacherin Susanna	VI	Freysauf Antonia	XIX
Euberger Franziska	XI	Freysauf Josef	XIX
Eyberger Franz	XXXVIII	Freysaufin Maria	XXXV
		Freysaufin Anna	XXXV
Fais-Tiefenfeld Leonhard	LIV	Freysaufin Maria	XXXV
Fagerer Simon	XIX	Freysauf Josef	XXXV
Feichtinger Johann	XLIII	Freysaufin Maria	XXXV
Feichtner Johann	V	Freysauf Ferdinand	XXXV
Feichtner Maria	V	Freysauf Caspar	L
Feichtner Josef	XXXI	Freysauf Anna	L
Fendt Josef	I	Freysauf Josef	L
Fendt Berta	I	Freysauf Franz	L
Fendt Maria	XXXIX	Freysauf Kaspar	L
Fendt Georg	XXXIX	Freysauf Johann	L
Fendt Anton	XXXIX	Freysauf Magdalena	L
Fendt Aloisia	XXXIX	Freysauf Maria	L
Fendt Josefine	XXXIX	Freysauf Maria	L
Fendt Georg	XXXIX	Freysauf Clara	L
Fendt Anton	XXXIX	Freysauf Anna	L
Fendt Ludmilla	XXXIX	Freysauf Maria	L
Fenzl Auguste	XLVI	Freysauff Johann	L
Fenzl Wilhelmine	XLVI	Frombholzer Jakob	LIII
Feuchtinger Josefine	XLI	Fuchs Johann	XXI
Feursenger Hans	XXXVIII	Fuchslueger Maximilian	XXX
Fichtl Maria Josefa	V	Fürst Adolf	VIII
Fischer Michael	XV	Fürst Josefine	VIII

Name	Gruft-Nr.	Name	Gruft-Nr.
Fürst Johann	VIII	Gotter Johann	XLIX
Fürst Karl	VIII	Gramiller Franz	XXIX
Fürst Anna	VIII	Gräupl Karl	XX
Fürst Ida	VIII	Griendl Michael	XII
Fürst Ludwig	VIII	Gritsch Franz	XLVIII
Fürst Juliane	VIII	Gründner Johann	XXXVI
Fürst Anna	VIII	Grüntner Johann	XLII
Fürst Katharina	VIII	Grüntner Johann	XLVII
Fürst Johanna	VIII	Grüntner Maria	XLVII
Fux Johann Michael	XXI	Gschnitzer Mathias	XXVIII
		Gschnitzer Barbara	XXVIII
Gampp Stefan	XXXIV	Gschnitzer Josef	XXVIII
Gamp Karoline	XXXIV	Gschnitzer Maria	XXVIII
Gamp Karl	XXXIV	Gschnitzer Mathias	XXVIII
Gamp Stefanie	XXXIV	Gschnitzer Anna	XLIII
Gamp Rosa	XXXIV	Gschnitzer Ignaz	XLIII
Gamp Maria	XXXIV	Gschnitzer Franz	XLIII
Gamp Julie	XXXIV	Gschnitzer Theresia	XLIII
Gartner Johann	LIV	Gschoßmann Anton	XXIX
Gehmacher Friederike	XLVIII	Gschossmann Johann	XXIX
Gerl Francesco	XIV	Gschossmann Josef	XXIX
Gertzner E.	XXX	Guggenberger Eustachin	XXIX
Gertznerin Ursula	XXX	Guggenberger Ernst	XXIX
Geselle August	XXVIII	Guggenbichler	
Geselle Dora	XXVIII	Andreas u. Anna	III
Geselle Franz	XXVIII	Guggenbichler Elisabeth	III
Geselle Maria	XXVIII	Gummer Rosina	XLVIII
Geselle Hella	XXVIII	Gyri Aloisia	LIII
Geselle Hermann	XXVIII		
Geselle Carola	XXVIII	Haas Stephan	LV
Geselle Hannes	XXVIII	Haffner Sigmund	XXXIX
Geselle Franz	XXVIII	Haffner Maria	XXXIX
Giglmayr Georg	XLV	Haffner Franciscus	XXXIX
Glaser Eduard	XXXVII	Haffner Maria	XXXIX
Glaser Berta	XXXVII	Haffner Eleonora	XXXIX
Glitsch Josef	XXVII	Haffner Sigmund	XXXIX
Gmächl Abraham	XLIII	Haffner Maria	XXXIX
Gorian Andre Franz	LIV	Hafner Maria	XL
Gorianin Maria	LV	Hafner Anna	XL
Görz Johann	XLII	Hafner Maria	XL
Görzin Maria	XLII	Hagenauer Wolfgang	LII

Name	Gruft-Nr.	Name	Gruft-Nr.
Hagenauer Franz	LII	Hartmann Theres	XXXIX
Hagenauer Anna	LII	Hartmayr Johann	XX
Hagenauer Elisabeth	LII	Haselberger Walburga	IX
Hagenauerin Magdalena	LII	Haselberger Josef	IX
Hagenauer August	LII	Haseneder Josef	XLI
Hagenauer Georg	XV	Hauptmann Alois	XLI
Hagenauer Maria	XV	Hauser Katharina	XXXI
Hagenauer Maria	XV	Hegberg Sophie	XXXVIII
Hagenauerin Maria	XV	Heinisch Paul	XLV
Hagenauer Georg	XV	Heiß Joseph	XXXI
Hagenauer Johann	XVI	Heißin Maria	XXXI
Hagenauer Maria	XVI	Helmreich Kaspar	LIV
Hagenauer Johann	XVI	Helmreichin Catarina	LIV
Hagenauer Maria	XVI	Helmreich Marianne	LIV
Hagenauer Maria	XVI	Helmreich Johann Ernst	LIV
Hagenauer Johann	XVI	Helmreich Joseph	LIV
Hagenauer Josef	XVI	Helmreich Clara	LIV
Hagenauer Martha	XVI	Helmreich-Brunnfeld Joh.	LIV
Hagenauer Lorenz	XVI	Hemetsberger Maria	XIII
Hagenauer Maria	XVI	Henf Josef	VI
Hagenauer Leopoldus	XVI	Henf Rosalia	VI
Hagenauer Josef	XVI	Hepperger Franz	XXXIX
Hagenauer Theresia	XVI	Hepperger Maria	XXXIX
Hagenauer Anna	XVI	Hepperger Josef	XXXIX
Haidenthaler Johann	IV	Hepperger Anna	XXXIX
Haidenthaler Genovefa	IV	Herberstein Friedrich	II
Haidenthaler Anton	IV	Hermes Joachim	LIII
Haidenthaler Franziska	IV	Hermes Maria	LIII
Haidenthaler Maria	IV	Hermes Theresia	LIII
Haidenthaler Michael	IV	Hertzogin Anna	XXXV
Haidenthaler Anton	IV	Herz Franciskus	VII
Haidenthaler Friedrich	IV	Herz Claudia	VII
Haindl Franz	XVIII	Herzfeld Franz	VII
Haindl Anna	XVIII	Hierlin Nothburga	XXVI
Haindl Maria	XVIII	Hierl Michael	XXVI
Haittenthalerin Agnes	LIII	Hierl Franz	XXVI
Halm Teresa	XXIX	Hierl Andrä	XXVI
Hamplmanin Maria	XLVIII	Hierlin Euphrasina	XXVI
Hamplmanin Josepha	XLVIII	Hillebrand Anna	XXXIX
Harrer Clothilde	XXVIII	Hinterhuber Julius	XIII
Hartmairin Theresia	XX	Hinterhuber Julius	XXXVII

Name	Gruft-Nr.	Name	Gruft-Nr.
Hinterhuber Julius	XXXVII	Hörwarter Theresia	XLIII
Hinterhuber Paul	XXXVII	Huber Ferdinand	XVIII
Hinterhuber Fritz	XXXVII	Huber Johanna	IX
Hinterhuber Anna	XXXVII	Huber Martin	XXXV
Hinterhuber Barbara	XXXVII	Huber Katharina	XXXV
Hinterhuber Georg	XXXVII	Huber Elisabeth	XXXV
Hinterhuber Barbara	XXXVII	Huber Karl	XXXV
Hintner Josef	XLIII	Huber Josef	XXXV
Hintner Theresia	XLIII	Huber Martin	XXXV
Hintner Anne	XXX	Huber Martha	XXXV
Hirtl Christoph	XLIV	Huber Ferdinand	XVIII
Hitschfeld Amalia	VI	Hueber Josefine	XXI
Hocheder Amalia	XIX	Hueber Peter	LIII
Hohenleitner Thomas	L	Hunkel Carolina	XXXVI
Höck Barbara	XXXIX	Hutter Ernst	XLIV
Hoffer Barbara	XXVIII	Hutter Anton	XLV
Hofferin Anna	XXXIII	Hutter Susanna	XLV
Hoffman Viktoria	XXXIII	Hutter Anna	XLV
Hofmannin Nothburga	XVIII		
Hofmitten Maria	XXXI		
Högler Anton	XLIV	Ingerl Adam	LIV
Högler Sebastian	XLIV	Ingerl Salome	LIV
Höglerin Anna	XLIV	Innerhofer Johann	XXXI
Högler Johann	XLIV	Irresberger Franz	XXVII
Höglerin Ursula	XLIV	Irresberger Franziska	XXVII
Högler Joseph	XLIV	Irresberger Karl	XXVII
Högler Elisabeth	XLIV	Irresberger Ludwig	XXVII
Höller Georg	XXXI	Irresberger Helmut	XXVII
Holhurterin Ursula	XLIV	Irresberger Edith	XXVII
Holzegger Johann	XVIII	Irresberger Charlotte	XXVII
Hölzl Wolf	VI		
Hölzl Rosalia	VI	Jäckl Anna	XXVII
Hopf Theresia	XXI	Jägerin Martha	XVI
Hörl Margarite	XXVI	Jänkh Georg	XXXIX
Hörl Barbara	XXVI	Janschek Albert	XLIX
Hörl Josef	XXVI	Janschek Amalie	XLIX
Hörl Anton	XXVI	Janschek Joan	XLIX
Hörl Gustav	XXVI	Janschek Karl	XLIX
Hörl Johann	XXVI	Janschek Valentin	XLIX
Hörl Margaretha	XXVI	Janschek Maria	XLIX
Hörl Theresia	XXVI	Jaumann Kurt	XI

Name	Gruft-Nr.	Name	Gruft-Nr.
Kaiser Magdalena	XVI	Keldorfer Anton	XXXII
Kaiser Maria	XVI	Keldorfer Franz	XXXII
Kalis Adelheid	XIII	Keldorfer Anna	XXXII
Kaltenhauserin Maria	XXXIX	Keldorfer Maria	XXXII
Kaltenhauserin Maria	XXXIX	Keldorfer Robert	XXXII
Kaltenhauserin Maria	XLVIII	Kellhamer Barbara	XXXIII
Kammer Hans	LIII	Kessler Maria	VI
Kammerlander Rosina	XXXI	Kiener Heinrich	XXX
Kammerlohr Josepha	XLVI	Kimpfler Franz	IV
Kapsreiter Maria	XXXIII	Kirchberger Elise	LI
Kapsreiter Gustav	XXXIII	Klein Anna	XLIV
Kapsreiter Peter	XXXIII	Klein Josef	LI
Karl Adolf	LIV	Klein Anna	LI
Karlsdorfer Mathias	XXXI	Klein Herbert	LI
Karlsdorfer Barthlina	XXXI	Klein Richard	LI
Karner Anton	XXXVIII	Kleinmayrn Chatarina	XXV
Kaser Nothburga	XL	Kleinmayrn Franz	XXV
Kaserer Anna	XIII	Kleinmayrn Amalia	XXV
Kaserer Ignaz	XXVII	Kleinmayrn Karl	XXVIII
Kaserer Josef	XXXVII	Klintsch Magdalena	XXVII
Kaserer Julie	XXXVII	Knoblach Marcellino	XLIX
Kaserer Josef	XXXVII	Knottin Juliana	VIII
Kaserer Julius	XXXVII	Kobernaußen Rosina	XXXI
Kaserer Wilhelm	XXXVII	Kobernaußen Franz	XXXI
Kaserer Kordular	XXXVII	Koch Babette	VII
Kastner Maria	L	Koch August	VII
Kastner Rupert	VII	Koch Maria	VII
Kastner Adele	VII	Koch Bertha	XXXIX
Kaufmannin Maria	XV	Kofler Joseph	XIV
Kayser Franz	XVI	Kofler Maria	XIV
Kehlhamerin Anna	XXXIII	Kofler Anna	XIV
Kehlhamerin Maria	XXXIII	Köhler Maria	L
Kelchhauser Franz	XXXV	Kolb Johann	XLVI
Kelchhauser Elfriede	XXXV	Kolbin Maria	XXXV
Kelchhauser Anna	XXXV	Koller Maria	L
Keldorfer Josef	XXXII	König Franz	LIII
Keldorfer Paula	XXXII	König Theresia	LIII
Keldorfer Josef	XXXII	König Amalia	LIII
Keldorfer Antonia	XXXII	Königsegg Anton	XXXII
Keldorfer Heinrich	XXXII	Kraus Caroline	XVII
Keldorfer Heinrich	XXXII	Krauß Franz Cajetan	LV

Name	Gruft-Nr.	Name	Gruft-Nr.
Kriechhamer Franz	XXXIV	Laschenzky Christian	VII
Kröll Ludwig	XX	Laschenzky Maria	VII
Kröll Maria	XX	Laschenzky Adolf	VII
Kröll Aloisia	XX	Laschenzky Ludwig	VII
Kröll Johann	XX	Lechner Franz	XXXVII
Krönigsberger Johann	XLIV	Lechner Maria	XXXVII
Krönigsberger Maria	XLIV	Lechner Franz	XXXVII
Krötz David	X	Lechner Maria	XXXVII
Kruger Anna	XLI	Lechner Franziska	LVII
Krynicki Theresia	I	Lechner Barbara	XXXVII
Krynicki Alois	I	Lechner Franz	XXXVII
Kühn Magdalena	XXXVIII	Lechner Anton	XXI
		Leiter Anton	XXII
Lackner Maria	X	Leiter Aloisia	XXII
Laimer Josepha	XXXVIII	Leithard Karoline	XL
Laimprucher Johann	XXXIX	Leithner Franz	XXXV
Laimprucher Anna	XXXIX	Leithner Zitta	XXXV
Laimprucher Francise	XXXIX	Leithner Max	XXXV
Laimprucher Johann	XXXIX	Leithner Anna	XL
Laimprucher Anna	XXXIX	Lergetporer Anna	XXXIX
Lainer Rupert	VII	Lergetporer Alois	XXXIX
Lainer Anna	VII	Lergetporer Sigmund	XXXIX
Lainer Friederike	VII	Lergetporer Ludwig	XXXIX
Lanckoronska Ludovicae	XLVII	Lergetporer Philippine	XXXIX
Landauer Robert	XXXIX	Lergetporer Josefine	XXXIX
Lang Josef	XXIV	Lergetporer Anna	XXXIX
Lang Maria	XXIV	Lergetporer Friedrich	XXXIX
Lanser Theres	XXIX	Lergetporer Malvine	XXXIX
Lanser Georg	XXIX	Lergetporer Elsa	XXXIX
Lanser Georg	XXIX	Lienbacher Ida	XXXVI
Lanser Josefine	XXIX	Lierzerin v. Zehenthal, Maria	XI
Lanser Carl	L	Lindenmeyer Theresia	X
Lanser Betty	L	Lindtner Maria	XLII
Laschenzky Georg	VII	Lobmayr Georg	LI
Laschenzky Katharina	VII	Lobmayr Simon	LI
Laschenzky Adolf	VII	Lobmayr Elise	LI
Laschenzky Laura	VII	Lorenzoni Peter Anton	VI
Laschensky Babethe	VII	Lorenzoni Barbara	VI
Laschenzky Otto	VII	Lorenz Fanny	LI
Laschenzky Georg	VII	Lorenz v. Liburnau Maria	XXXIII
Laschenzky Cecilia	VII	Lorenz v. Liburnau Norbert	XXXIII

Name	Gruft-Nr.	Name	Gruft-Nr.
Lossbichlerin Maria	XXXI	Mayr Michael	XXX
Löwenstein Alban	XLVIII	Mayr Maria	XXX
Lungkofler Albert	XXXI	Mayr Franz	XXXI
Lürzer Ursula	XI	Mayr Anton	XXXIII
Lürzer Aloisia	XXXIX	Mayr Anna	XXXIII
Lürzer v. Zehendthal Anna	LV	Mayr Wolfgang	XXXIII
Lürzer v. Zehendthal Franz	LV	Mayr Barbara	XXXIII
Lürzer v. Zehendthal Maria	LV	Mayr Anna	XXXIII
		Mayr Alexander	XXXIII
		Mayr Josef	XXXIII
Magreiter Hans	XLVIII	Mayr Wolfgang	XXXIII
Mair Johann	XXVII	Mayr Friedrike	XXXIII
Mairin Maria	XXXIII	Mayr Theres	XXXIII
Mairn Joachim	XXVII	Mayr Ludwig	XXXIII
Mairn Anna	XXVII	Mayr Viktoria	XXXIII
Mairn Joachim	XXVII	Mayr Elise	XXXIII
Mangin Ernst	XXXVIII	Mayr Johann	XXXIII
Mangin Alois	XXXVIII	Mayr Josef	XXXIII
Mangin Ernest	XXXVIII	Mayr Katharina	XXXIII
Margsone Franz	XLIV	Mayr Pauline	XXXIII
Matz Barbara	XXIII	Mayr Wolfgang	XXXIII
Mauberger Benedikt	XLI	Mayr Anna	XXXIII
Mauberger Anna	XLI	Mayr Elisabeth	XXXIII
Mauberger Crescentia	XLI	Mayr Richard	XXXIII
Mayburger Theresia	XLIII	Mayr Friedrich	XXXIII
Mayer Ferdinand	XIII	Mayr Karl	XXXIII
Mayer Josefa	XIII	Mayr Maria	XXXIII
Mayer Carl	XIII	Mayregg Francisca	XXXIX
Mayer Theresia	XIII	Mayregg Anna	XXXIX
Mayer Karl	XIII	Mayregg Francisca	XXXIX
Mayer Josef	XIII	Mayrhauser Virgilius	XL
Mayer Paula	XIII	Mayrin Maria	XV
Mayer Walburga	XIII	Mayrin	XVI
Mayer August	XXXVIII	Mayrin Anna	XVII
Mayer Wolfgang	XXXVIII	Mayrin Maria	XXXI
Mayer Johanna	XXXVIII	Mayrin Maria	XXXI
Mayer Robert	XXXVIII	Medlhammer Maria	V
Mayr Michael	VII	Medlhammerin Rosina	IV
Mayr Johann	XVII	Mengot Richard	XIII
Mayr Joseph	XXVII	Menhard Johanna	XXX
Mayr Ludwig	XXVIII	Menhart Josef	XXX

Name	Gruft-Nr.
Menhart Barbara	XXX
Menningen Friedrich	XXI
Menth Josef	XLVI
Mertens Heinrich	XIX
Metzger Maria	XL
Metzger Johann	XXVIII
Metzgerin Ehrentraud	XXVIII
Metzgerin Susanna	XXVIII
Metzgerin Maria	XXXIX
Meygren Ignatio	XXVIII
Mezgerin Anna	IV
Mitschka Elisabeth	XXXVI
Mitschka Emil	XXXVI
Mohr Genovefa	XXIII
Mohr Matthias	XXIX
Moltner Anna	III
Moltner Theresia	III
Moltner Michael	III
Mösenbacher Friedrich	XVI
Mösenlechner Josef	XV
Mösenlechner Katharina	XV
Mösenlechner Katharina	XV
Moser Alexander	XLIX
Moser Alexander	XLIX
Moser Alexander	XLIX
Moser Klara	XLIX
Moser Barbara	XLIX
Moser Johann	XLIX
Moser Karl	XLIX
Moser Kaspar	XLIX
Mössl Josef	XVII
Mössl Johann	XVII
Mössl Katharina	XVII
Mühlsteiger Theres	XXXIX
Muhrhammer Michael	XLIII
Muhrhammer Anna	XLIII
Müller Ida	IX
Muralt Anton	XXXVI
Muralt Franz	XLVIII
Muralt Maria	XLVIII
Muralt Franz	XXXI
Muraltin Rosa	XXXI
Muraltin Maria	XLVIII
Muschgey Claudia	VII
Naumann Franz	XXXII
Naumann Maria	XXXII
Naumann Martin	XXXII
Naumann Franz	XXXII
Naumann Rosa	XXXII
Naumann Maria	XXXII
Naumann Johann	XXXII
Naumann Franziska	XXXII
Naumann Karl	XXXII
Naumann Barbara	XXXII
Neuhauser Joseph	XLIII
Neuhauserin Maria	XLIII
Neuhofer Walburga	XIII
Neuhofer Thomas	XXII
Neuhofer Rosina	XXII
Neuhofer Friedrich	XXII
Neuhofer Ignatz	XXII
Neumayr Kasper	XXX
Neumayr Johanna	XXX
Neumayr Anton	XXX
Niederhamer Franciska	XLII
Nikoladoni Anton	LV
Nunmacherin Magdalena	XX
Oberfriningerin Friederike	XLVIII
Oberfrininger Georg	XLVIII
Oberfrininger Genofeva	XLVIII
Oberfrininger Anna	XLVIII
Oberfriningerin Theresia	XLVIII
Oberfriningerin Johann	XLVIII
Oberhauser Katharina	L
Opferkuch Hedwig	III
Opferkuch Maria	III
Opferkuch Franz	III
Opferkuch Friederike	III
Opferkuch Franz	III

Name	Gruft-Nr.	Name	Gruft-Nr.
Pabitzky Anna	XXII	Penker Amalia	XIX
Pachmayr Andreas	L	Penker Maria	XIX
Pachmayrin Maria	L	Penker Katharina	XIX
Paul Karl	XLI	Penker Katharina	XIX
Paulus Franziska	IVa	Penker Anna	XIX
Paulus Ferdinand	IVa	Pernegger Johann	XXXIX
Paurnfeind Joseph	L	Pflanzl Martha	XLI
Paurnfeind Christian	L	Pflanzl Otto	XLI
Paurnfeind Anna	L	Pflanzl Berta	XLI
Paurnfeind Ditmar	L	Pflanzl Heinrich	XLI
Paurnfeind Ignatz	L	Pflanzmann Rupert	XLV
Paurnfeindin Katharina	L	Pflanzmann Anna	XLV
Paurnfeindin Maria	L	Pflanzmann Felix	XLV
Paurnfeindin Maria	L	Phrammer Johann	XXIX
Paurnfeind Christian	L	Phrammer Katharina	XXIX
Paurnfeind Christian	L	Pichl Christoph Sigmund	VIII
Paurnfeind Elise	L	Pichl Franziska	XXXVII
Paurnfeind Barbara	L	Pichl Camilla	XXXVII
Paurnfeind Johann	L	Pichler Franziska	XLIV
Paurnfeind Johann	L	Pichler Franz	XVI
Paurnfeind Johann	L	Pichler Theresia	I
Paurnfeind Johann	L	Pintner Ursula	XXVI
Paurnfeind Maria	L	Pirchner Maria	XXIII
Paurnfeind Sigmund	L	Pirgler Martin	X
Paurnfeind Maria	L	Plachetka Josefine	XXXIX
Paurnfeind Katharina	L	Plachetka Franz	XXXIX
Paurnfeind Josef	L	Plachetka Franz	XXXIX
Paurnfeind Maria	L	Plaz Eleonora	LIV
Paurnfeind Elisabeth	L	Plenk J. u. Th.	XXXI
Paurnfeind Christian	L	Plochberger Josef	XII
Paurnfeind Johanna	L	Plochberger Franz	XII
Paurnfeind Maria	L	Poindecker Johanna	XXXVIII
Paurnfeind Maria	L	Poindecker Katharina	XXXVIII
Paurnfeind Katharina	L	Polz Georg	XI
Paurnfeind Franziska	L	Polz Johann	XI
Paurnfeindtin Katharina	L	Popp Anna	XVI
Paurnfeindtin Anna	L	Prähauserin Juliane	XLII
Pausinger Felix	XXXVII	Preis Karoline	XXXVII
Penkin Katharina	XIX	Pretsch Hermine	IX
Penker Johann	XVIII	Prinziger Adolf	IX
Penker Franz	XIX	Prinziger Josef	IX

Name	Gruft-Nr.	Name	Gruft-Nr.
Prinzinger Johanna	IX	Rhain Christophorus	XXIV
Prinziger August	IX	Rhain Georg	XXIV
Pündtner Ferdinand	XXVI	Richter Wilhelm	XLV
Pröz Anton	LIV	Rigler Florian	XXXVII
Prötz Johann Franz	LIV	Rihl Waltraud	XLII
Prötz Martin Adam	LIV	Rieder Franz	XLV
Prötz Anna	LIV	Rismair Augusta	XIII
		Rismair Karl	XIII
Radauer Rupert	XLII	Rismair Maria	XIII
Radauer Laura	XLII	Ritter Anna	VIII
Ramkenbichler Elisabeth	L	Rohrbach Maria	V
Ränau Johann	XI	Roll Theres	XLVI
Ranfte Anna	XVI	Roll Carl	XLVI
Ranftl Matthias	XXX	Roll Karl	XLVI
Ranftl Franz	XXX	Roll Maria	XLVI
Rauscher Anna	XLVI	Römer Joseph	XXXIX
Rauter Josef	XLV	Römer Rosalia	VI
Rautter Katharina	XLI	Römerin Barbara	VI
Rautter Alois	XLI	Römer Joseph	VI
Rautter Anna	XLI	Roth Hans	XXVII
Rautter Josef	XLI	Roth Wilhelm	XXVII
Rautter Anton	XLI	Rothin Cordula	XXII
Rautter Genofeva	XLI	Rott Carl	XLVI
Recheisen Begina	XXIII	Rott Therese	XLVI
Recheisen Christoph	XXIII	Rotter Mathias	XXV
Rechl Georg	XV	Rotter Carolina	XXV
Rechl Philipp	XV	Rotter Josefine	XXV
Rehle Theresia	VIII	Roux Barbara	L
Rehle Vinzenz	VIII	Rußegger Katharina	XVII
Rehle Maria	VIII	Rußemeyer Theresia	XIII
Rehle Josephine	VIII	Rüßmayr Johann	XIII
Rehle Florian	VIII		
Reiffenstuhl Georg	IX	Sachs Georg	LI
Reiffenstuhl Joseph	XV	Sachs Aloisia	LI
Reiffenstuhl Anna	XV	Sachs Margarethe	LI
Reiffenstullin Anna	XV	Saigger Franz	XLV
Reiffenstullin Josepha	XV	Sailer Adam	IV
Reihsecker Josef	XVI	Sailer Barbara	IV
Reischmann Johanna	IV	Sailer Rosina	IV
Reiter, Dr. Georgius	XLIII	Sailler Juliane	VIII
Reithamerin Maria	XVIII	Sailler Sebastian	VIII

Name	Gruft-Nr.	Name	Gruft-Nr.
Sauerwein Sigismund	V	Stockhamer Stephan	XXVI
Sauter Johann Martin	XXI	Swoboda Johanna	XVII
Sauter Walburga	XXI	Swoboda Julius	XVII
Sauterin Felicitas	XXI	Swoboda Karl	XVII
Siborn Rosa	XLIX		
Simonini Angelo	X	Schaffer Anton	XLVI
Simonini Berta	X	Schaffer Auguste	XLVI
Singer Olga	XI	Schaffer Franz	XLVI
Singer Emmerich	XI	Schaffer Therese	XLVI
Solari Laurentia	XXXI	Schaffer Therese	XLVI
Solari Joanes	XXXI	Schaffer Therese	XLVI
Solarius Santinus	XXXI	Schaffler Roman	XXIII
Sommern Katharina	X	Schaffner Franz	XVIII
Spängler Vinzenz	LV	Schallhamer Barbara	XXIV
Spängler Theresia	LV	Schallhamer Georg	XXIV
Spängler Joseph	LV	Schallhamer Katharina	XXIV
Spängler Antonie	LV	Schallhamerin Maria	L
Spängler Maria Elisabeth	LV	Schallhammer Amalia	XXIII
Späth Franz	XL	Schallhamer Barbara	XXIII
Späth Franz	XL	Schallhamer Bernhardi	XXIII
Späth Franz	XL	Schallhamer Georg	XXIII
Späth Josef	XL	Schallhamer Franz	XXIII
Späth Lotte	XL	Schallhamer Johann	XXIII
Späth Maria	XL	Schallhamer Josepha	XXIII
Späth Maria	XL	Schallhamer Maria	XXIII
Späth Maria	XL	Schaub Josefa	XIII
Späth Maria	XL	Schaupp Josepha	XLVI
Späth Maria	XL	Schebor Augustin	XLIV
Späth Therese	XLV	Schebor Anna	XLIV
Späth Susanna	XXI	Schebor Charlotte	XLIV
Späth Susanna	XL	Schebor Rudolf	XLIV
Spatzenegger Josepha	XXXIV	Scheibl Anna	XIV
Sperl Ferdinand	XLII	Scheibl Eligius	XIV
Sperl Ferdinand	XLII	Scheibl Eligius	XIV
Sperl Franziska	XLII	Scheibl Elisabeth	XIV
Sperl Maria	XLII	Scheibl Franziska	XIV
Spiess Herman	XLV	Scheibl Maria	XIV
Spitzer Josepha	XXXIV	Scheibl Michaela	XIV
Spritzendorfer Johann	XLVIII	Scherbin Katharina	XXXIV
Stegerin Maria	LIV	Scherringer Michael	IVa
Steger Joachim	LIV	Schifer Johann	XIX

Name	Gruft-Nr.	Name	Gruft-Nr.
Schifer Maria	XIX	Schuster Martin	XXII
Schiffer Klara	XXXV	Schwab Franziskus	XII
Schiffer Zitta	XXXV	Schwabengruber Christoph	XLIX
Schiffmann Adelheid	XIII	Schwabengruber Hans	XLIX
Schiffmann Jost	XIII	Schwazzacher Maria	XVI
Schinagl Cordula	XXII		
Schinagl Hans	LII	Stampfl Benedikt	XXXI
Schlager Elias	XLVI	Starch Rupert	XII
Schleindl Johann	XXVIII	Steinberger Anna	XIV
Schloßgängl Joseph	V	Steiner Josef	LV
Schlosser Malvine	XXXIX	Steinerin Elisabeth	II
Schluderbacher Caspar	IX	Steinerin Johann	II
Schmid Anton	XLVIII	Steinhäuser Maria	XX
Schmirberin Felicitas	XXXVIII	Sternbach Friederike	XLVIII
Schneeberger Cajetan	XLIV	Sterr Ludmilla	XXXIX
Schneeberger Cajetan	XLIV	Stief Maria	XXXII
Schneeberger Walburga	XLIV	Stieglbauer Wolfgang	VI
Schoberleitner Franz	XIX	Stocker Margaretha	XXVI
Schoberleitner Maria	XIX	Stockhammer M.	XLII
Schoberleitner Mariane	XIX	Stockhammer Stephan	XXVI
Schraffl Hans	XXIII	Stögmayr Leonhardy	XXV
Schraffl Julie	XXIII	Stolz Franz	XXI
Schramm Auguste	XXXVII	Strasser Anton	VI
Schramm Franz	XXXVII	Strasser Wilhelmine	VI
Schramm Franz	XXXVII	Streidl Ferdinand	XL
Schramm Josef	XXXVII	Strele Alois	VIII
Schramm Luise	XXXVII	Stürmer Maria	XXXV
Schreiner Bertha	XVIII		
Schreiner Carl	XVIII	Thalherr Michael	XXII
Schreiner Franz	XVIII	Thilli Wolfgang	XLV
Schreiner Johann	XVIII	Tilly Christoph	XLV
Schreiner Johann	XVIII	Thorak Josef	XXV
Schreiner Josef	XVIII	Thorak Mathilde	XXV
Schreiner Josef	XVIII	Thurner Johann	XLIV
Schreiner Karl	XVIII	Töber Christoph	XXXIX
Schreiner Maria	XVIII	Topfer Theresia	VIII
Schreiner Nothburga	XVIII	Trauner Gustav	XLIII
Schreiner Nothburga	XVIII	Triendl Anna	XXXIX
Schreyer Maria	XLVIII	Triendl Anna	XXXIX
Schrofner Johannes	XXXII	Triendl Anna	XXXIX
Schueller Heinrich	XII	Triendl Anton	XXXIX

Name	Gruft-Nr.	Name	Gruft-Nr.
Triendl Anton	XXXIX	Volderauer Hermann	XXXVI
Triendl Anton	XXXIX	Volderauer Hermine	XXXVI
Triendl Barbara	XXXIX	Volderauer Ida	XXXVI
Triendl Bertha	XXXIX	Volderauer Johann	XXXVI
Triendl Franz	XXXIX	Volderauer Katharina	XXXVI
Triendl Franz	XXXIX	Volderauer Laura	XXXVI
Triendl Luise	XXXIX	Volderauer Pauline	XXXVI
Triendl Maria	XXXIX	Volderauer Viktor	XXXVI
Triendl Maria	XXXIX	Vorderegger Josef	VI
Triendl Sigmund	XXXIX		
Triendl Sigmund	XXXIX	Wagner Anna	XXII
Triendl Therese	XXXIX	Wagnerin Maria	XV
Tull Christof	XLV	Wagnerin Maria	XV
Tünstler Carl	XXX	Wagnermaier Maria	XV
Tünstler Ursula	XXX	Waitz Theres	XVIII
Tünstlerin Maria	XXX	Waitzner Gottfried	XVIII
Tünstlerin Maria	XXX	Wallner Andreas	XI
Türnkranz Maria	XX	Wallner Anna	XI
Türreder Emilie	IX	Wallner Friedrich	XI
Türreder Franz	IX	Wallner Johann	XI
		Wallner Johann	XI
Übleisen Paulus	XXXV	Wallner Rosalia	XI
Unterperger Johannes	XXXV	Wallner Rosalia	XI
		Walnerin Maria	XXVIII
Valcic Albert	X	Waltenhofen Felix	XLIX
Valcic Bela	X	Wänzler Elisabeth	XXXI
Valcic Eugenie	X	Wänzler Katharina	XXXI
Valcic Karin	X	Wänzler Maria	XXXI
Valcic Karl	X	Wänzler Matthäus	XXXI
Valcic Maria	X	Wänzler Matthäus	XXXI
Valcic Ulla	X	Wänzler Stephan	XXXI
Veits Ignaz	XXIX	Wartbichler August	IX
Vermele Philipp	XXXVII	Wartbichler Rosa	IX
Vogl Elisabeth	XXIII	Weber Anna	XLVIII
Vogl Johann	XXIII	Wechselberger Anna	XXIV
Vögl Johann Bernhard	XLVII	Wechselberger Emma	XXIV
Volderauer Alexander	XXXVI	Wechselberger Jakob	XXIV
Volderauer Anna	XXXVI	Wechselberger Rosina	XXIV
Volderauer Caroline	XXXVI	Weickl Alois	XX
Volderauer Friedrich	XXXVI	Weickl Anna	XX
Volderauer Friederike	XXXVI	Weickl Crescentia	XX

Name	Gruft-Nr.	Name	Gruft-Nr.
Weickl Georg	XX	Werner Maria	XXXII
Weickl Johanna	XX	Werner Sylvester	XL
Weickl Maria	XX	Werner Theodor	XXXII
Weickl Maria	XX	Wiener Andreas	XXIV
Weickl Peter	XX	Wieningerin Elise	L
Weikl Richard	XX	Wispauer Anna	XXXIII
Weidler Heinrich	XLV	Wispauer Martin	XXXIII
Weiser Anna	XXII	Wolf Berta	II
Weiser Anton	XXII	Wolf Wilhelm	II
Weiser Barthmä	XXII	Wolgschaffen Christoph	XXXIII
Weiser Cordula	XXII	Würstl Anna	XXIX
Weiser Cajetan	XXII	Würstl Anna	XL
Weiser Franziska	XXII	Würstl Benedikt	XL
Weiser Franziska	XXII	Würstl Elise	XL
Weiser Ignatz	XXII	Würstl Ignatz	XXXIX
Weiser Ignatz	XXII	Würstl Ignatz	XXIX
Weiser Ignatz	XXII	Würstl Ignatz	XXIX
Weiser Maria	XXII	Würstl Josefa	XXIX
Weiser Maria	XXII	Würstl Raimund	XXIX
Weiser Martha	XXII		
Weiser Sigmund	XXII		
Weiß Johann	XXIX	Zächerl Johann	XVII
Weissbacher Alois	XLV	Zandonetti Joseph	XV
Weitzner Helena	XVIII	Zappler Franciscus	XXXVI
Weizner Gottfried	XVIII	Zaunerin Barbara	XXXIV
Weizner Gottfried	XVIII	Zeller Franz	XLI
Weizner Helene	XXI	Zeller Katharina	XLI
Weizner Karl	XXI	Zeller Maria	XXVIII
Weizner Konrad	XXI	Zezi Christian	XIX
Weizner Susanne	XXI	Zezi Maria	XXXVII
Wenger Michael	XXXIV	Zillner Maria	L
Wenigin Barbara	IV	Zillnerin Agnes	LIII
Werner Cordula	XL	Zöttl Michaela	XXXVII

Für Nachtragungen

Name	Gruft-Nr.	gestorben

Literaturverzeichnis

A) **Hauptwerke**

Erzabtei St. Peter: Archiv Nr. A 585, A 586, A 587, Totenbücher von 1300 bis 1980, Akten der Friedhofsverwaltung

Dr. Michael WALZ: „Die Grabdenkmäler von St. Peter und Nonnberg zu Salzburg", Verlag der Gesellschaft für Salzburger Landeskunde (1867–1875)

Karl Ritter v. GLANZ: Manuskript über die um 1898 vorhandenen Grabinschriften am St.-Peter-Friedhof (1898)

Dr. Hans TIETZE: „Die Denkmale des Benediktinerstiftes St. Peter in Salzburg", Österr. Kunst-Topographie, Band XII (1913)

B) **Weitere Literatur**

Karl FRONER: „Über Ordens-Insignien auf mittelalterlichen Grabdenkmalen" und „Über Renaissance-Gitter auf dem Friedhof von St. Peter", Mittlg. der k. k. Central-Commission, XV (1870)

Ernst v. HARTMANN-FRANZENSHULD: „Die Grabdenkmäler von St. Peter und Nonnberg zu Salzburg", Mittlg. der k. k. Central-Commission, XVII (1872)

N. F.: „Über die Restauration der St.-Margarethen-Kirche auf dem St.-Peter-Friedhof in Salzburg", Der Kunstfreund, 2. Jg. (1886)

P. Gregor REITLECHNER: „Die St. Amand, nun Margarethenkirche im Friedhof St. Peter zu Salzburg", Die Kirchliche Kunst, 10. Jg. (1903)

P. Pirmin LINDNER: „Profeßbuch der Benediktiner Abtei St. Peter, 1419–1856" (1906)

P. Gregor REITLECHNER: „Kurze Geschichte und Beschreibung des Benediktinerstiftes St. Peter" (1908)

P. Gregor REITLECHNER: „Sammelblätter vom Friedhof St. Peter", Sonderbeilage in der Salzburger Chronik (1917–1918)

P. Anselm EBNER: „Von den Katakomben zu St. Peter in Salzburg", Bened. Monatsschrift Bd. 4 (1922)

Franz MARTIN: „Salzburg. Ein Führer durch seine Geschichte und Kunst" (1952)

DDr. P. Friedrich HERMANN: „Kirchenführer" St. Peter in Salzburg, 15. Auflage (1982)

P. Edmund WAGENHOFER: „Die Marienkapelle von St. Peter", Resonanz, 2. Jg. (1981)

Bildnachweise

Einband: Winterliche Stimmung im St. Peter-Friedhof. Gemälde von Heinrich BÜRKEL (mit Bewilligung der Salzburger Residenzgalerie)

Innenteil: Der St. Peter-Friedhof im Sommer. Aquarell von Josef FELSINGER (Mit Bewilligung des MM-Verlages)

Fotos von den Grüften und Gräbern: Gerhard SULZER

Kupferstiche: Katakomben-Maximuskapelle – Stift St. Peter – Reproduktion: Druckhaus Nonntal

Kinnig Pinxit 1769.